KB192873

논·술·한·국·대·표·문·학

58

구운몽·사씨남정기

김만중

훈민출판사

〈구운몽〉은 김만중이 인현왕후의 폐비설을 반대하여 귀양 갔을 때, 어머니를 위로하기 위하여 썼다고 전해진다.

The Best Korean Literature

〈사씨남정기〉에서 교씨의 모함을 받은 사씨는 조각배에 몸을 싣고 쫓겨나게 된다. 여러 번 죽을 고비를 넘기지만 묘혜 스님의 도움으로 목숨을 보존한다.

수도하는 스님. 팔 선녀를 만난 후 절로 돌아온 성진은 불도에 회의를 느끼고 속세의 삶을 그리워한다.

〈구운몽〉의 성진은 경치 좋은 연화봉의 시냇가에서 팔 선녀를 만난다. 꿈을 꾼 성진은 인간 세상에서 양소유로 태어나 다시 이들을 만나게 된다.

〈평생도〉 중 감사 부임 장면. 〈구운몽〉에서 성진은 양 처사의 아들 양소유로 태어나 속세의 환락과 부귀영화를 마음껏 누리게 된다.

〈평생도〉 중 삼일유가 장면. 어려서부터 재주와 총명이 뛰어났던 양소유는 장원 급제한 후 높은 벼슬에 오르게 되고, 여덟 명의 여인과 차례로 인연을 맺는다.

김만중의 대표 작품인 〈사씨남정기〉

사당. 〈사씨남정기〉에서 간악한 교씨의 계교에 빠져든 유 한림은 사당에 향을 피우고 조상께 사씨의 죄를 알린 후, 사씨를 내쫓는다.

한 쌍의 학. 〈구운몽〉에서 양소유가 퉁소를 불자 어디선가 학 한 쌍이 날아와 춤을 춘다.

The Best Korean Literature

암자. 유랑하던 사씨는 우연히 관음찬을 써 준 인연으로 알게 된 묘혜 스님을 만나게 된다. 사씨는 묘혜 스님의 거처인 수월암에 머무르면서 길쌈이나 바느질을 하며 스님을 돕는다.

김만중의 글씨체. 조선 숙종 때 대제학을 지낸 김만중은 글씨에도 뛰어난 솜씨를 보였다.

구인환(丘仁煥)

서울대학교 사범대학 졸업. 동 대학원 졸업(문학박사)
서울대학교 명예교수, 소설가(현). 서울대학교 사범대학 국어교육연구소 소장(현)
문학과문학교육연구소 소장(현). 국제펜 한국본부 부회장(현)
한국소설문학상(1987) 예술문화대상(1994) 한국문학상(2000)
작품 〈숨쉬는 영정〉, 〈살아 있는 날들〉, 〈일어서는 산〉 외 다수

- 저서 《한국단편소설의 이해》, 《한국현대소설의 비평적 성찰》,
  《고교생이 알아야 할 소설》, 《고교생이 알아야 할 세계단편소설》 외 다수

윤병로(尹柄魯)

성균관대학교 국어국문학과 졸업. 동 대학원 졸업(문학박사)
성균관대학교 교수, 문학평론가(현). 한국현대소설학회장(현)
한국문예학술저작권협회 이사(현). 한국간행물윤리위원회 위원(현)
한국펜 문학상(1987). 한국문학상(1988). 대한민국문학상(1989)
수필집 《나의 작은 애인들》

- 저서 《현대 작가론》, 《한국 현대 소설의 탐구》,
  《한국 근대 작가 작품 연구》, 《한국 현대작가의 문제작 평설》 외 다수

홍성암(洪性岩)

고려대학교 국어국문학과 졸업. 한양대학교 대학원 국어국문학과 졸업(문학박사)
동덕여자대학교 교수, 소설가(현). 한국문인협회 회원(현)
한국소설가협회 이사(현). 국제펜 한국본부 소설분과 이사(현). 한민족 문화학회 회장(현)
창작집 《큰 물로 가는 큰 고기》, 《어떤 귀향》 외
대하역사소설 《남한산성》(전9권) 외 다수

- 저서 《문학의 이해》, 《현대 작가론》, 《한국 근대 역사소설 연구》 외 다수

기획 · 감수

〈사씨남정기〉의 본문 시작 부분.
(국립중앙도서관 소장)

논술 한국대표문학을 펴내며

　　21세기의 사회는 '전자 문명 시대'라 일컬어질 만큼 오늘날 전자 산업은 우리 생활의 거의 모든 분야에 다양하게 응용되고 있습니다. 출판 분야 또한 예외는 아니어서, 종래의 서책(Book) 대신에 이른바 '전자책(CD-ROM)'의 출간이 최근 들어 날로 증가하고 있습니다.

　　그러나 이러한 전자책은 영상 또는 모니터상으로 흥미 위주나 백과사전식 지식을 습득하는 데는 효과적일지 모르지만, 문학 공부를 위해서는 별로 도움이 되지 않습니다. 바꾸어 말하면, 문학 공부는 각 지면마다 살아 숨쉬는 표현 하나하나를 독자 자신의 머리로 음미하면서 작품을 읽어 나가는 가운데, 풍부한 상상력의 배양과 함께 작가의 의도와 그 작품의 내면을 깊이 있게 이해함으로써 이루어지는 것입니다.

　　이에 훈민출판사에서는, 자라나는 학생들이 범람하는 영상 매체에 길들여지기 전에, 어려서부터 유명한 세계문학 작품들을 책자를 통하여 감명 깊게 읽고 감상함으로써, 올바른 문학 공부의 기틀을 다지고, 아울러 전인 교육도 할 수 있도록 《논술 한국대표문학(전60권)》을 펴내게 되었습니다.

　　작품 선정은, 초·중·고등학교 국어 교과서와 역사 교과서에 실리거나 소개된 문학 작품을 중심으로 하되, 그리스 신화와 성경 이야기 등의 고전에서부터 중세·근대·현대에 이르기까지 세르반테스·셰익스피어·톨스토이 등 세계 유명 작가들의 장·단편 소설들을 엄선·수록하였습니다. 또 세계의 명시도 별권으로 엮었으며, 특히 각 단락마다 '논술 문제'를 제시하여, 장차 대학입시를 비롯한 각종 '논술 고사'에 예비 지식을 쌓을 수 있도록 배려하였습니다. 아무쪼록, 이 《논술 한국대표문학(전60권)》이 자라나는 학생들에게 문학 공부의 주춧돌이 되고, 나아가 미래를 살아가는 데 정신적 자양분이 되기를 진심으로 바라 마지않습니다.

훈민출판사

차례

구운몽

김만중

지은이

1637~1692년. 조선 숙종 때의 문신 · 소설가. 자는 중숙, 호는 서포. 28세의 나이로 정시 문과에 급제하였으며, 벼슬이 홍문관 대제학에 이르렀다. 소설을 천시하던 조선 사회에서 국문 소설의 진가를 인식하고 소설을 썼으며, 일생을 정쟁의 소용돌이 속에서 보냈다. 국문 소설로 〈사씨 남정기〉와 〈구운몽〉이 있으며, 우리말의 우수성을 강조하는 수필집 《서포만필》이 전해진다.

구 운 몽

속세로 내려온 성진

중국의 유명한 다섯 산 중에 남쪽에 위치한 형산은 그 수려함이 이루 말할 수가 없었다. 그 산의 북쪽으로는 동정호라는 호수가 끝없이 펼쳐져 있고, 수 많은 산봉우리는 감탄을 자아낼 만큼 웅장했다.

예부터 자개봉, 천주봉, 연화봉 등 높은 산봉우리 중에 연화봉이 가장 아름답다고 전해져 오고 있다.

형산에는 신기한 일들이 가끔 일어나곤 했다. 한번은 큰 홍수로 인해 백성들의 생활이 매우 고통스러웠다.

임금은 서둘러 형산에 제사를 지내며, 정성스럽게 빌었다. 그러자 이에 대답하기라도 하듯 거짓말처럼 비가 그쳤다고 한다.

그 뒤로 옥황상제님은 선녀 중에 가장 뛰어난 재주를 가진 위 부인을 제자들과 함께 형산에 내려 보내 그 곳을 지키도록 했다.

이런 일들이 있은 뒤, 오랜 세월이 흘러 당나라 때였다.

남루한 옷차림의 스님 한 분이 고행을 하기 위해 인도를 떠나 이곳저곳을 돌아다니고 있었다.

"흠, 이 곳이야말로 내가 찾던 곳이다. 여기에 절을 짓고 도를 닦도록 해야겠다."

형산의 연화봉을 본 스님은 넋을 잃고 감탄했다. 육관 대사라고 불리

는 이 스님은 곧 절을 지어 제자들을 불러 모았다.

육관 대사의 명성은 사방에 알려져, 가르침을 받고자 하는 수백 명의 사람들이 몰려들었다. 하지만, 제자 중에 대사의 뜻을 잘 이해하고 따르는 사람은 불과 삼십여 명이었다.

대사는 그들 가운데서 성진이라는 제자를 가장 사랑하였다.

'저 애는 정신이 물처럼 맑아 하나를 가르치면 열을 깨닫는구나. 나이는 어리지만 앞으로 내 뒤를 이을 훌륭한 인물이야.'

하루는 육관 대사가 제자들에게 설법을 한 뒤, 난데없이 부탁을 했다.

"너희들 중에 누가 동정호에 살고 있는 용왕님을 뵙고, 안부 인사를 하고 오겠느냐?"

"대사님, 괜찮으시다면 제가 다녀오겠습니다."

성진이 대사의 허락을 얻어 동정호로 길을 떠난 지 얼마 후였다.

"스님, 지금 밖에서 위 부인이 보내신 여덟 선녀님들이 와 계십니다."

"오, 그래? 어서 들어오라고 일러라."

아름다운 선녀들은 위 부인이 정성스럽게 준비한 하늘의 꽃과 과일, 비단 등을 대사님께 전했다.

대사는 가지고 온 선물을 부처님에게 올리고 심부름을 온 아름다운 여덟 선녀를 후히 대접했다. 감사의 인사를 드리고 절 밖으로 나온 선녀들은 연화봉의 아름다운 경치에 흠뻑 빠져들었다.

"대사님이 오시기 전에는 형산의 여러 봉우리들이 모두 우리들 것이었지. 그런데 이제는 이 연화봉에 스님이 계시니, 그 동안 한 번도 오질 못했구나."

"맞아요. 정말 얼마만인지 몰라요. 우리, 해가 질 때까지 이 곳에서 좀 놀다 가기로 해요."

선녀들은 연화봉의 여기저기를 돌아다니며, 깔깔대고 즐거워했다.

대사의 부탁으로 동정호의 용궁에 도착한 성진은 용왕을 찾아 뵙고 문안 인사를 올렸다.

"일찍 찾아 뵈야 했는데, 이제야 오게 되었습니다. 늦게나마 안부 인사 드립니다."

성진은 용왕님에게 정중히 절을 올리고 대사님의 말씀을 전했다.

"이 곳까지 일부러 찾아 주시니 뭐라고 감사의 말씀을 드려야 할지 모르겠소. 일전에 대사님의 불법을 듣고 참으로 감탄했소."

용왕은 심부름을 온 성진에게 직접 술잔을 따라 주며 극진히 대접했다.

'아, 스님의 신분으로 술을 마셔서는 안 되는데…… 하지만, 용왕님이 친히 주시는 술잔을 물리칠 수도 없는 노릇이고…….'

몇 잔의 술과 진귀한 음식을 맛본 성진은 감사의 인사를 올리고 용궁을 떠났다. 술기운에 얼굴이 달아오른 성진은 연화봉 가까이 오자 냇가를 찾았다.

찬물에 얼굴을 씻고 있는데, 코끝에 향긋한 냄새가 실려왔다.

'아, 처음 맡아 보는 향기로구나. 어디서 뿜어져 나오는 걸까?'

이상한 냄새를 따라 시냇가의 위쪽으로 올라간 성진은, 우연히 돌다리를 바라보고 깜짝 놀랐다.

돌 난간에는 꽃처럼 아름다운 여덟 명의 선녀들이 재미난 이야기를 하는지 깔깔 대며 웃고 있었다.

그 곳을 지나야만 절로 돌아갈 수 있는지라, 성진은 선녀들이 버티고 있는 다리 위로 올라갔다.

"안녕하세요? 저는 연화봉 육관 대사님의 제자입니다. 대사님의 심부름을 마치고 돌아가는 길입니다. 다리를 건너야 하니, 길을 좀 비켜 주시기 바랍니다."

"호호호, 저희들도 조금 전에 대사님을 뵙고 나오는 길입니다. 오랜만에 연화봉을 찾아 이렇듯 즐기고 있는데, 어찌 길을 비키라 하시며 소녀들의 흥을 깨십니까?"

선녀들은 장난을 치며, 도무지 길을 비켜 줄 생각을 하지 않았다.

"이 몸이 바쁜 몸이라 다리를 놔 두고 다른 길을 찾아 돌아갈 수는 없습니다. 정 그러시다면 길을 건너는 값을 드리겠습니다."

성진은 길가에 핀 복숭아나무 가지를 꺾어, 길을 막고 있는 여덟 선녀에게 던져 주었다. 공중에 던져진 나뭇잎은 곧 여덟 개의 구슬로 변했고, 선녀들은 만족한 듯 구슬 하나씩을 쥐었다.

마주 보며 웃던 선녀들은 구름을 불러 공중으로 날아가 버렸다. 선녀들이 떠난 하늘을 멍하니 바라보던 성진은 이내 정신을 차리고 절을 향해 발길을 돌렸다.

대사를 뵙고 인사를 드린 그는 자신이 머무는 방으로 들어갔다.

'대장부로 세상에 태어나 학문을 열심히 닦은 후, 벼슬길에 나아가 이름을 떨치는 것도 해 볼 만한 일이 아닌가? 위로는 임금님을 모시고 아래로는 어리석은 백성들을 돌보며, 전쟁터에 나가 장수가 되어 적들을 물리친다면 이 얼마나 멋진 일인가. 게다가 훌륭한 여자와 혼인을 한다면 더 행복한 일이 아닌가. 하지만 지금 내가 걷고 있는 이 길은 초라한 옷과 음식에 고행뿐이니 참으로 답답하구나.'

성진은 다리 위에서 본 선녀들의 모습을 되새기며 자신의 처지를 한탄했다.

'아니, 내가 지금 무슨 생각을 하고 있는 거지? 도를 닦는 스님의 신분으로 쓸데없는 속세의 일을 쫓고 있었구나.'

그는 자리에서 벌떡 일어나 자세를 바로잡은 후, 염주를 돌리며 불경을 외웠다. 그 때였다.

"스님, 계십니까? 대사님께서 부르십니다."

"대사님께서? 알겠다. 곧 나가마."

서둘러 옷매무새를 고친 성진은 육관 대사가 계시는 법당으로 서둘러 갔다.

대사님의 얼굴은 예전의 모습과는 달라 보였다. 화난 목소리로 꿇어 앉은 성진을 향해 불호령을 내렸다.

"이놈, 네가 무슨 짓을 했는지 아느냐?"

"옛? 무슨 말씀이신지……."

"네가 아직 정신을 못 차렸구나. 네 죄를 가르쳐 줄 테니 잘 듣거라. 첫째, 스님의 신분을 잊고 술을 마신 죄, 둘째, 다리 위에서 선녀들과 장난을 주고받은 죄, 셋째, 절로 돌아와 속세의 부귀영화에 마음을 빼앗긴 죄가 그것이다."

성진은 앉아서 백 리를 내다보시는 대사님의 신통력에 입을 다물지 못했다.

"스님, 제가 잘못했습니다. 벌을 주시되 부디 나가라는 말씀은 하지 마십시오."

"어허, 아직도 네 죄가 얼마나 큰지 깨닫지 못했구나. 여봐라, 이 죄인을 당장 끌어내 지옥으로 데리고 가라."

그는 곧 절에서 쫓겨나와 염라대왕 앞에 무릎을 꿇고 앉았다.

"중생을 구제할 스님이 이 곳에는 무엇하러 왔느냐?"

염라대왕의 물음에 성진은 얼굴이 홍당무가 될 정도로 붉어졌다.

"속세에 미련을 두어 절에서 내쫓겼습니다. 내리시는 벌을 달게 받겠습니다."

성진이 깊이 뉘우치고 있는 사이, 한쪽 문에서 낯익은 얼굴들이 들어서는 것이 보였다. 다름 아닌 팔 선녀들이었다.

"어허, 선녀님들이 이 곳에는 어쩐 일이시오?"

"육관 대사님을 뵙고 돌아오는 길에 성진 스님과 대화를 나눈 일이 위 부인의 귀에 들어가게 되었나 봅니다. 위 부인께서 저희들을 호되게 나무라시고 사자를 시켜 이 곳으로 보낸 것입니다."

"일이 그렇게 된 것이로군. 그럼 대사와 부인의 부탁대로 벌을 내리도록 하겠다. 너희는 신성한 곳의 계율을 어긴 죄로 속세로 내려가 사람으로 다시 태어나거라."

여덟 명의 선녀와 성진은 염라대왕의 처벌에 아무런 대꾸도 할 수 없었다.

어디선가 회오리바람이 휭하니 불어 그들은 공중으로 떠올랐다. 깜짝 놀라 비명을 지르는 순간, 그들은 각각 흩어져 서로의 모습을 찾을 수가 없었다.

염라국의 사자를 따라 흘러다니다가 성진이 발을 내디딘 곳은 초가지붕들이 옹기종기 모여 있는 한 시골 마을이었다.

"오늘 양 처사 부인이 해산할 기미가 있다고 하던데……."

"오십이 넘어 아기를 가졌으니 신기한 일이지 뭐야. 그런데 벌써 아기가 나올 시간이 지났는데 여태 소식이 없으니, 양 처사 그 양반이 답답할 노릇이지."

어느 집 담장을 기웃거리며 이야기를 나누는 사람들의 말소리가 들려왔다.

"내 말을 잘 들으시오. 이 곳은 당나라의 회남도 수주현이라는 곳이오. 양 처사란 사람이 당신의 아버지가 될 것이고, 유씨 부인이 어머니가 될 것이오. 내가 맡은 임무가 끝났으니 나는 이만 돌아가겠소."

말을 마친 사자는 아직도 몽롱한 듯 우두커니 서 있는 성진을 집 안으로 데리고 들어가, 유씨 부인 곁으로 떠밀었다.

사자에게 떠밀린 몸을 제대로 가누지 못한 성진은 그만 부인 앞으로 쓰러지고 말았다. 앗 소리를 내는 순간, 유씨 부인이 누워 있던 방 안에서는 아기의 울음소리가 터져나왔다.

"드디어 부인이 아기를 낳았나 보다."

밖에서 가슴을 졸이며 기다리고 있던 양 처사는, 아기의 우렁찬 울음소리를 듣고 방으로 뛰어 들어갔다.

"여보, 수고했소. 옥동자로구먼."

양 처사 부부가 그 맑은 눈동자를 바라보고 있노라면 온갖 시름이 잊혀질 정도로 아기는 훌륭히 자랐다. 아기는 자랄수록 연화봉에서의 기억을 점점 잊어 갔다.

"이 아이는 마치 인간 세상으로 잠시 놀러온 신선인 듯하니, 이름을 소유라고 짓도록 합시다."

소유의 나이도 어느 새 열 살이 되었다. 하루는 양 처사가 부인 유씨를 조용히 불렀다.

"부인, 이제부터 내가 하는 말을 잘 들으시오. 나는 본래 인간 세상의 사람이 아니오. 이 곳에 내려와 부인을 만난 후로 하루 이틀 머물다 보니, 그만 돌아갈 때를 놓치고 말았소. 그 동안 지혜롭고 훌륭한 아들까지 얻었으니 이제는 그만 친구들 곁으로 돌아가야 할 것 같소. 내가 없더라도 부디 소유와 함께 잘 살기를 바라오."

"여보, 대체 그게 무슨 말씀입니까? 저와 소유는 앞으로 어떻게 살라고 우리를 두고 가신다는 겁니까?"

"미안하오. 앞으로 당신은 영화를 누리게 될 것이니, 걱정하지 말고 몸 건강히 계시오."

양 처사는 이미 마음을 굳힌 듯 유씨 부인의 말에 더 이상 대꾸하지 않았다. 잠시 후 그는 자신을 데리러 날아온 백학 한 마리에 훌쩍 올라 타고는, 하늘 멀리로 사라졌다.

그 후로 양 처사는 가끔씩 부인과 아들의 안부를 묻는 편지를 보내오곤 했다. 하지만 시간이 흐르자 편지마저도 끊겨 소식을 알 수 없었다.

소유는 어린 나이에도 어머니의 마음을 이해하여 속을 썩여 드리는 일이라곤 하지 않았다.

"소유야, 이제 책을 그만 읽고 놀다 오너라."

"아닙니다. 이 책을 마저 읽고 어머니의 일을 돕겠습니다."

유씨 부인은 남편의 빈자리를, 아들에게 의지하며 살았다. 소유의 나이 열다섯 살이 되자, 그의 사람됨과 학문의 깊이는 이태백과 왕희지에 비교될 정도였다.

또한 무예에도 뛰어나 그를 당할 자가 없었다. 소유가 신동이란 소문은 사람들의 입에서 입으로 전해져, 사방에 널리 알려지게 되었다.

도인과 두 미인과의 만남

어머니의 일을 도우며 글공부에 여념이 없던 소유가, 하루는 어머니 앞에 나아가 마음 먹었던 일을 아뢰었다.

"어머님, 소자는 아버님이 집을 떠나실 때 당부하신 말씀을 잊지 않고 있습니다. 어머니를 잘 모시고 집안을 세우라는 뜻을 남기셨는데, 아직 달라진 것이 아무것도 없습니다. 어머님의 고생은 끝이 없고, 집안 살림은 옹색하기 그지없으니 소자의 마음이 괴롭습니다. 며칠 전 나라에서 붙인 방을 보니, 과거 시험을 치른다고 합니다. 이번 기회에 소자의 글솜씨도 확인해 볼 겸 응시를 해 볼까 하오니, 부디 허락해 주시기 바랍니다."

유씨 부인은 듬직한 아들의 말을 듣고 마음이 흐뭇했다.

'네가 벌써 집안 걱정을 할 정도로 자랐구나. 워낙 총명하니 걱정할 것이 없다만, 처음 집을 떠나는 터라 걱정이 되는구나.'

하지만 유씨 부인은 걱정하는 빛을 나타내면 길 떠나는 아들에게 부담이 될까 봐 태연스럽게 대답을 했다.

"그래, 네 마음이 그렇다면 그리 하도록 해라. 하지만 세상일이란 그리 쉬운 것이 아니다. 부디 몸 건강히 다녀오도록 해라."

과거를 보기 위해 서울로 갈 채비를 차린 소유는 어머님께 하직 인사를 올리고 길을 나섰다.

이윽고 화주 땅에 도착한 소유는 과거 날짜가 아직 남았는지라 그 곳을 구경하기로 했다.

마을 어귀의 수양버들은 바람에 수염이 흩날리듯 건들거리고 있었다. 그 밑에 집이 한 채 있었다. 소유는 집을 떠나온 울적한 마음을 시 한 수에 담아 읊었다.

그 때 문득 외딴집의 창문이 열리더니 아름다운 아가씨가 머리를 내밀었다. 소유와 눈이 마주친 아가씨는 잠시 동안 눈길을 멈춘 채 그대로 있었다.

'아, 말로는 이루 다 표현하지 못할 정도로 아름다운 여인이다. 부드러운 머릿결과 검고 맑은 눈동자, 붉은 입술은 마치 선녀가 내려온 것처럼 또렷하구나.'

소유는 아가씨의 모습에 반해 그대로 굳어 버린 듯했다. 이내 정신을 차린 아가씨는 부끄러운 듯이 문을 닫고 들어가 버렸다.

외딴집의 아가씨도 소유의 수려한 용모에 이미 마음을 빼앗긴 터라, 밤이 깊어갈수록 소유의 얼굴이 떠올라 마음을 진정시키기가 어려웠다. 아가씨는 사람을 시켜 소유의 뒤를 밟게 한 뒤, 한 통의 편지를 전했다.

이름도 모르는 낯선 분에게 제 마음을 전하려고 합니다. 저는 진어사의 딸로 채봉이라고 합니다. 어머니는 어릴 때 돌아가시고 아버님은 지금 서울에 일이 있어 가셨습니다. 오늘 우연히 집 앞에서 들려오는 시 한 수에 마음이 끌려 나도 모르게 문을 열고 내다보았습니다. 당신의 모습을 직접 뵈고 순간 숨이 딱 멎는 듯했습니다. 여염집 규수인 제가 이런 고백을 하는 것은, 지금이 아니면 앞으로 당신을 영영 만나지 못할 것이라는 생각이 들어서입니다. 당신의 뜻이 나와 같다면 밝은 날 다시 만나 서로 시를 지으며 이야기를 나누는 것이 어떻겠습니까?

심부름꾼으로부터 채봉이란 여인의 편지를 받아든 소유는 뛸 듯이 기뻤다. 그는 그 자리에서 붓과 먹을 들어 답장을 썼다.

저는 어머니 한 분을 모시고 사는 양소유란 사람으로, 마침 과거를 보러 가던 길이었습니다. 무릇 혼인이라는 것은 양가 부모님을 모신 자리에서 형식을 갖추어야 할 것이지만, 서로의 마음을 확인하는 것이 더 중요하다고 생각합니다. 그 곳을 떠난 후에도 채봉 낭자의 모습이 눈에 아른거려 몇 번을 뒤돌아보았답니다. 그런데 이렇게 편지를 보내 주시니 몹시 기쁩니다. 아가씨의 말처럼 날이 밝는 대로 다시 한 번 만나 뵙고 싶습니다.

답장을 전한 소유는 자리에 들어 일부러 잠을 청했다. 하지만 밤이 깊어갈수록 잠은 오지 않고, 정신이 오히려 맑아지기만 했다.
가까스로 잠이 들려는 찰나였다. 소유의 귓전에 사람들의 아우성 소리와 말발굽 소리가 들려왔다.

심상치 않은 느낌이 든 소유는 자리를 박차고 일어나 밖으로 뛰쳐나왔다.

"무슨 일이라도 났습니까? 왜 이리들 우왕좌왕하는 겁니까?"

그 곳을 막 떠나려던 사람이 황급히 뒤돌아보며 소리쳤다.

"한 신하가 반란을 일으켰다 합니다. 젊은이는 누구를 막론하고 잡아간다고 합니다. 서둘러 이곳을 떠나십시오."

기겁을 한 소유는 짐을 꾸려 가까운 산속으로 피신했다. 깊은 산중을 헤매던 소유의 눈에 초가집 하나가 보였다. 집 안으로 들어선 소유는 마루에 앉아 글을 읽고 있는 노인을 발견했다.

"저, 말씀 좀 묻겠습니다."

백발의 노인은 고개를 들어 낯선 젊은이를 흘끗 쳐다보았다.

"자네는 회남현의 양소유가 아닌가?"

"옛?"

노인이 자신을 알아본다는 사실에 깜짝 놀란 소유는 눈을 동그랗게 뜨고 멍하니 노인을 바라보았다.

"내가 자네의 아버지 양 처사를 좀 알고 있네. 가끔 함께 바둑을 두곤 하는데, 요사이 만난 적은 없네."

"아, 아버지의 소식을 여기서 듣다니…… 부탁드립니다. 제발 한 번만 아버지를 만나게 해 주십시오."

"그건 안 될 말이네. 인간과 신선이 사는 곳은 함부로 넘나들 수 있는 곳이 아니네. 짐작건대 난리를 피해 이곳을 찾은 듯하니, 잠시 동안 이 곳에서 수양을 하도록 하세."

소유는 아버지 생각에 목이 메어 눈물을 거두지 못했다. 노인은 그를 위로하려는 듯 난데없는 말을 꺼냈다.

"그만 눈물을 거두게. 마음이 울적할 때면 악기를 다루는 것도 좋은 방법이지. 자네, 거문고를 연주해 본 적이 있나?"

"뛰어난 솜씨는 아니지만 조금 탈 줄 압니다."

거문고를 뜯는 모습을 지켜본 노인은 소유가 재주 있음을 알고, 세상에 잘 알려지지 않은 네 가지의 곡을 가르쳐 주었다.

"잘 했다. 이제는 퉁소를 가르쳐 줄 테니 잘 보거라."

노인은 가지고 있던 거문고와 퉁소를 소유에게 주었다.

그날 밤, 소유는 자리에 누워 스르르 잠이 들었다. 누군가 흔들어 깨우는 소리에 일어난 소유는 주변을 두리번거렸다.

"무슨 일입니까?"

"이제 떠날 준비를 해라. 아마 난리도 끝났을 것이니, 그만 집으로 돌아가도록 해라."

소유는 노인에게 감사의 절을 올리고 산을 내려갔다.

'이상한 일이로군. 어제만 해도 봄꽃이 만발했는데, 오늘은 벌써 국화가 가득 피었네.'

고개를 갸웃거리며 산 밑으로 내려온 소유는 마을 사람들에게 사정을 물었다. 얘기인 즉 난리는 끝이 났으며, 과거 시험은 내년 봄으로 미루어졌다 했다.

'아, 노인의 집에서 보낸 하루가 속세에서의 반 년이란 세월과 같은 것이었구나.'

소유는 문득 진 어사의 딸 채봉 아씨가 생각이 났다. 그는 채봉 아씨를 만났던 수양버들 밑으로 발길을 재촉했다.

'이런, 집이 잿더미가 되어 버렸네. 아가씨는 어찌 된 걸까?'

주변 사람들의 이야기로는 진 어사는 반역을 했다는 이유로 죽음을 당하고, 채봉 아씨는 어디론가 끌려갔다는 것이다.

소유는 암담한 심정이 되어 할 수 없이 어머니가 계시는 집으로 발길을 돌렸다. 고향집에는 아들을 떠나보낸 후, 마음의 병을 얻은 어머니가 몸져 누워 계셨다.

"어머니, 소자 소유가 돌아왔습니다."

"이게 누구냐? 아, 내 아들 소유로구나."

다시 만난 어머니와 아들은 그 해 겨울을 보내고 다시 봄을 맞이했다. 소유는 미루었던 과거 시험을 보기 위해 서울로 올라갈 것을 어머니께 말씀드렸다.

"애야, 지난 번 난리통에 네 걱정을 많이 했다. 이제 너도 혼인을 하여 어미 마음을 한시름 덜어 주는 것이 좋을 듯하구나. 서울에 내 형님뻘 되는 친척 중에 두연사라는 이름을 가진 분이 계시단다. 여러 사람을 두루 알고 있으니 네 혼처를 알아봐 주실 것이다. 내가 편지 한 통을 써 줄 테니 찾아가 뵙도록 해라."

소유는 어머니가 써 준 편지를 받아들고 떠날 채비를 차렸다. 길 떠난 지 여러 날이 되어 낙양이라는 곳에 당도했다.

거리 구경을 하고 다니는데, 누각 위에서 음악 소리가 울려 나왔다. 자신도 모르게 누각 위로 올라간 소유는, 그 곳에서 놀고 있는 젊은이들과 기생들을 볼 수 있었다.

"무례함을 무릅쓰고 이렇게 찾아왔습니다. 시를 지으며 이야기를 나누는 소리가 들리기에 한 수 배우고자 합니다."

"어서 오시오. 여기 모인 사람들은 장안에서 내로라하는 문장가들이오. 오늘 날을 잡아 시를 제일 잘 쓴 사람을 뽑을 참이었소."

소유는 한 곳에 자리를 잡고 앉아 선비들의 글솜씨를 구경하였다. 그의 옆자리에 앉은 선비가 소유에게 귀띔을 해 주었다.

"저기 기생들 중에 가장 빛이 나는 여자가 바로 계섬월이오. 악기를 다루는 솜씨도 보통이 아닌데다, 시문에도 뛰어나 웬만한 선비들은 섬월이를 따를 자가 없소. 오늘 섬월이는 시를 제일 잘 쓴 선비를 뽑아 자기 집으로 초청을 한다고 했답니다. 그래서 이 자리에 모인 사람들이 이렇게 열심히 글을 짓고 있다오."

선비의 말을 들은 소유는 고개를 들어 섬월이를 바라보았다.

'정말로 아름답구나. 선비들이 다투어 글을 지을 만하군.'

소유는 어느 새 붓과 벼루를 찾아 시 한 편을 지어 섬월에게 내밀었다. 그녀는 천천히 시를 음미하며 읽더니, 매우 놀라는 얼굴이었다.

주변에 있던 선비들은 웬 촌뜨기가 지은 시에 섬월이 반한 모습을 보고 모두들 못마땅한 기색이었다. 이를 눈치 챈 섬월은 소유의 귀에 대고 살며시 일렀다.

"이 곳에 모인 사람들이 당신을 질투하고 있는 것 같군요. 제가 사는 곳을 일러 줄 테니 저녁 때 찾아오시기 바랍니다."

소유는 여러 선비들의 따가운 시선을 뒤로 한 채 서둘러 그 곳을 빠져 나왔다.

밤이 되자 소유는 낮에 본 섬월을 잊지 못하여 약속대로 그녀가 사는 곳을 찾아갔다. 소유가 오기만을 기다리고 있던 섬월은 반갑게 소유를 맞아 주었다.

"어서 오십시오. 안으로 드시지요."

섬월은 음식을 내오도록 한 뒤 소유와 자리를 함께했다.

"기생의 신분이지만 늘 훌륭한 분을 만나뵙기를 원했습니다. 오늘에야 제 소원을 이루었으니, 부디 저를 선비님의 종으로 받아주시기 바랍니다."

"가진 것 없는 하찮은 선비의 몸으로, 당신처럼 아름다운 여인을 종으로 둘 수는 없소."

"당신은 앞으로 귀한 몸이 될 분이 틀림없습니다. 앞으로 여러 여인

들을 거느릴 것이니, 그 중에 저를 첩으로 삼아 주시기 바랍니다. 사람들이 세 사람의 기생을 말할 때, 강남에는 만옥연, 하북에는 적경홍, 그리고 낙양에는 저 계섬월을 꼽는답니다. 하지만, 선비님의 아내가 되실 분은 양반집 아가씨여야 할 것입니다. 제가 알기로는 서울의 정 사도란 분의 따님이 훌륭하다고 들었습니다."

이런 저런 이야기를 나누며 소유는 계섬월과 하룻밤을 보냈다. 어느덧 날이 밝자, 섬월은 소유에게 떠날 것을 권했다.

"어제 본 선비들이 앙갚음을 하려고 할 것입니다. 다음에 기회가 되는 대로 제가 선비님을 찾아뵙도록 하겠습니다."

소유는 부지런히 길을 떠나 얼마 후 서울에 도착하였다.

새로 만난 여인들의 속임수

서울에 도착한 양소유는 머물 곳을 정한 뒤, 어머니께서 일러 주신 두연사라는 분을 찾아나섰다.

두연사는 자신을 찾아온 친척 동생의 아들인 소유를 반갑게 맞아 주었다.

"잘 왔다. 그 동안 소식이 없어 궁금하던 차에 이렇게 찾아주니 참으로 기쁘구나."

소유는 어머님의 안부를 전한 뒤, 편지 한 통을 내밀었다. 편지를 천천히 읽어 내려가던 두연사는 고개를 끄덕였다.

"그렇구나. 네가 벌써 혼인할 나이가 되었구나. 이렇게 아들의 인물이 출중하니, 며느리감도 당연히 용모와 재주가 뛰어난 여자를 보고 싶겠지. 내 천천히 골라 보아 네게 알맞는 여자를 맺어 줄 테니, 기다리도록 해라."

소유는 감사의 인사를 드린 후, 잠시 머물렀다가 숙소로 돌아왔다. 며칠 뒤, 그는 두연사를 다시 찾아갔다.

"호호, 앞으로 아내가 될 사람이 무척 궁금한가 보구나. 네 배필로는 정 사도의 따님이 제일이긴 하다만, 그 집안의 세도가 워낙 대단해서 어떻게 말을 꺼낼 도리가 없단다. 네가 과거에 급제한 뒤라야 그 집에 찾아가 혼담을 꺼내 볼 수가 있을 것이다. 그러니 너는 과거 시험 준비에 전념해 주기 바란다."

"그 집 따님을 직접 보신 적이 있나요?"

"물론이다. 정 사도의 따님을 한번 본 사람은 그 아름다움에 넋이 나가 다시는 잊지 못한단다."

두연사가 입에 침이 마르도록 정 사도의 따님을 칭찬하자, 소유는 그녀를 직접 보고 싶은 마음이 간절해졌다.

"한 가지 청이 있습니다. 과거 시험에는 장원 급제할 자신이 있습니다. 하지만 제 눈으로 처녀를 보지 않고는 믿을 수가 없습니다. 부디 한번 만나볼 수 있도록 주선해 주십시오."

"말도 안 되는 소리 마라. 어찌 양반집 귀한 규수를 함부로 볼 수 있단 말이냐? 내 말만 믿고 오늘은 그만 돌아가거라."

하지만 소유는 끝내 고집을 부리며 애원했다.

"거참, 고집이 보통이 아니구나. 한 가지 방법이 있기는 하다만……."

"그게 무엇입니까?"

"혹시 잘 다루는 악기가 있느냐?"

"예, 거문고와 퉁소를 불 줄 압니다."

순간 두연사의 두 눈이 반짝하고 빛났다.

"정 사도와 부인은 음악을 아주 좋아하지. 그 따님도 음악에 비상한 재주를 가지고 있고. 마침 그 집 하녀가 우리 집에 올 일이 있으니,

방에서 거문고를 연주하고 있어라. 예사롭지 않은 소리라면 하녀가 정 사도께 아뢰어 너를 부를 것이다. 그 때 그 집 따님을 볼 기회가 있을 거야."

"고맙습니다. 이 은혜 잊지 않겠습니다."

정 사도 집 딸은 무남독녀로, 꿈에 선녀가 내려와 구슬 하나를 쥐어 주었다 하여 경패라고 불렀다.

며칠 뒤 정 사도 집 하녀가 부인의 심부름으로 두연사의 집을 찾았다. 부인이 선물로 보내 준 비단과 향기로운 과일을 전하고 집으로 돌아가려는 찰나였다.

어디선가 맑은 거문고 소리가 들려왔다.

"이게 어디서 나는 소리지요?"

"아, 거문고 소리 말인가? 회남 땅에서 온 처녀가 연주하는 걸세."

"비록 음률에 대해 잘 알지는 못하지만 저 소리는 마치 하늘에서 울려 나오는 듯합니다. 돌아가서 마님께 말씀 드리겠습니다."

다음 날, 하녀의 말을 전해 들은 정 사도 집 마님은 사람을 보내 거문고 연주를 한 사람을 찾았다.

"일이 잘 되었네. 너를 처녀라고 소개했으니, 불편하더라도 여자로 변장하고 정 사도 집을 방문하도록 해라."

워낙 인물이 출중한지라 여자로 변장한 소유의 모습은 조금도 어색해 보이지 않았다. 정 사도 집 하인을 따라 그 집에 도착한 소유는 곧바로 부인의 방으로 안내되었다.

"잘 오셨소. 낭자의 거문고 타는 솜씨가 예사롭지 않다는 소리를 듣고, 직접 듣고 싶어 이렇게 오시라고 했소."

소유는 부인의 말에 감사의 말을 전하면서 방 안을 휘 둘러보았다. 그 곳에 있는 사람들을 하나하나 살펴보았지만, 정 사도의 따님은 없는 것 같았다.

"그럼 보잘것없는 솜씨지만 연주해 보도록 하겠습니다. 그 전에 한 가지 청이 있습니다. 이 집에 음악에 조예가 깊으신 아씨가 있다고 들었습니다. 그 분에게 한 수 가르침을 받고자 합니다."

"여봐라, 가서 경패를 불러 오너라."

어머님의 부름을 받고 방으로 들어서는 경패 아씨를 본 소유는 순간 심장이 멎는 듯했다.

'아, 눈이 부셔 똑바로 쳐다볼 수가 없구나. 하늘에 사는 선녀도 아가씨보다는 아름답지 못할 것이다.'

두근거리는 마음을 진정시킨 소유는, 지난 번 산속에서 노인이 건네준 거문고에 손을 얹고 연주하기 시작했다.

소유의 연주가 시작되자 방 안에 모인 사람들은 모두 숨을 죽였다. 시간이 흐를수록 소유의 거문고 소리에 정신을 빼앗긴 부인과 아가씨는 감탄해 마지않았다.

"대단한 솜씨로다. 이제까지 들은 거문고 소리 중에 낭자가 제일이오. 몇 곡 더 들려 줄 수 있겠소?"

"어머니 말씀이 맞습니다. 전설 속의 곡까지도 물 흐르듯 연주하는 걸 보니, 신의 경지에 오른 솜씨입니다."

두 모녀를 위해 몇 곡 더 연주하던 소유는 마지막으로 자신의 심정을 담은 곡을 실어 거문고를 뜯기 시작했다.

마지막 곡을 귀담아듣던 경패 아씨의 표정이 점점 일그러져 갔다. 마침내 그 자리에 앉아 있기가 불편한지 아가씨는 조심스레 일어섰다.

"어머니, 잠시 자리를 비우겠습니다."

자리에서 일어난 아씨는 서둘러 자기 방으로 돌아가고 말았다.

연주를 마친 소유는 아가씨의 모습이 보이지 않자 서운한 마음이 들었다. 마님은 소유에게 감사의 대가로 금과 비단을 주었다.

"아닙니다. 오히려 제 연주를 이렇게 좋아해 주시니 몸 둘 바를 모르 겠습니다. 재물은 받지 않겠습니다."

아가씨의 빈자리를 뒤로 한 채 소유는 마님께 인사를 올리고 그곳을 나왔다.

어머님께 허락을 맡고 방으로 돌아온 경패 아씨는 하녀 가춘운을 찾 았다. 춘운의 아버지는 정 사도 댁의 우두머리 하인이었는데, 그만 병으 로 세상을 떠나고 말았다.

그 뒤 정 사도 부부는 하인의 딸 춘운을 거두어 경패의 친구처럼 곁 에서 지내도록 해 주었다. 춘운은 비록 하녀의 몸이었지만, 그 모습과 재주가 남달랐다.

"아씨, 찾으셨습니까?"

"몸은 어떠하냐? 네 얼굴빛을 보니 좀 나아진 듯하구나."

"아씨 염려 덕분에 이제 아무렇지도 않습니다. 이곳에 들어오다 들으 니, 조금 전 마님의 처소에서 들린 거문고 연주가 대단했다고 합니다. 아씨는 어떠셨는지요?"

"참으로 어처구니없는 일이 있었단다. 이제까지 나는 담장 밖을 나간 적도 없거니와, 외간 남자와 얼굴을 마주 대한 적도 없었다."

"그거야 제가 더 잘 알고 있습니다만, 무슨 일이라도 있었습니까?"

가춘운은 경패 아씨의 표정이 심상치 않음을 알고 더욱 궁금한 듯이 물었다.

"거문고를 타는 솜씨는 대단했다. 하지만 마지막으로 연주된 곡은 상 사병의 내용을 담은 것이었다. 깜짝 놀라 그 여인을 자세히 살펴보니, 분명 여장을 한 남자였다. 아마도 주변 사람들이 전하는 말을 듣고 나를 보려고 온 모양이다."

"호호호, 정말입니까? 그런 일을 꾸밀 정도로 재주가 비상하고, 거문고 다루는 솜씨도 남다르다고 하니 반드시 큰 인물이 될 것입니다."

아씨의 염려스러운 마음을 눈치 챈 춘운은 아무 일도 아니라는 듯이 웃어넘겼다.

그 일이 있고 얼마 후, 정 사도는 부인을 찾아 이야기를 나누었다.

"부인, 이번에 치러진 과거 시험에 회남 땅에서 온 양소유라는 자가 장원급제를 하였소. 그가 쓴 글을 본 사람들은 입에 침이 마르도록 칭찬을 하였다고 하니 큰 인물임에 틀림없소. 게다가 아직 장가를 들지 않았다고 하니, 우리 딸과 혼인을 주선해 보는 것이 어떻겠소?"

"그 말이 사실이라면 좋은 혼처임에는 틀림없군요. 하지만 사위를 맞이하는 마당에 남의 말만 믿고 딸을 보낼 수는 없으니, 제가 직접 보고 싶습니다."

시녀로부터 이 일을 전해 들은 경패 아씨는 춘운과 마주 앉아 의논을 했다.

"내 예감이 맞다면, 이번에 과거 시험에 장원급제한 사람과 일전에 거문고를 연주한 남자는 같은 인물일 거야."

"어머, 어찌 그런 생각을 하십니까?"

춘운은 아씨의 말이 믿기지 않는다는 듯이 되물었다.

"나이도 비슷하고 같은 회남 사람이라고 하니 틀림없어. 부모님께서 그 사람을 초대하기로 했으니, 네가 잘 봐 두었다가 내게 말해 주렴."

"아씨의 말대로 하겠습니다."

양소유가 한림의 벼슬에 올라 귀한 몸이 되자, 장안의 내로라 하는 집안들이 모두 그를 사위 삼기 위해 몰려들었다.

하지만 소유는 정 사도 댁에 사람을 보내어 혼인할 뜻을 내비쳤다. 사위로 점찍어 두었던 소유로부터 이러한 소식을 들은 정 사도 집은 잔칫집 분위기가 되었다.

마침내 양 한림은 위세도 당당하게 정 사도 집을 찾았다. 집안 사람들은 늠름한 양 한림의 모습에 반해 극진히 대접하였다.

춘운은 양 한림을 지켜보고 있다가, 옆에 서 있는 마님의 몸종에게 살짝 물어보았다.

"일전에 거문고를 연주하던 여인을 본 적이 있지?"

"아, 맞아요! 어쩐지 낯익다 했더니…… 거문고를 타던 그 여인과 저분은 많이 닮았어요."

하녀의 말이 끝나기가 무섭게 춘운은 아씨의 방으로 내달았다.

"아씨의 짐작이 맞았습니다. 알아보니 거문고를 타던 여인과 양 한림은 같은 사람인 것 같습니다."

경패 아씨는 다시 춘운을 시켜, 양 한림이 부모님께 무슨 이야기를 하는지 알아보고 오라고 하였다.

"아씨의 부모님들께서는 아씨의 혼사 이야기를 꺼내셨고, 이를 듣고 있던 한림 어른도 좋다고 하셨습니다."

그 때 밖에서 인기척 소리가 나더니 하녀가 아뢰었다.

"아씨, 마님께서 오셨습니다."

어머니와 마주 앉은 아씨는 굳은 표정으로 자리를 잡고 앉았다.

"오늘은 참으로 기쁘구나. 마침 우리가 찾던 사람이 혼인할 것을 청해 오니, 어미는 이제야 한시름 놓는 것 같다."

"어머니, 오늘 오신 그 분과 예전에 거문고를 타던 여인의 생김새가 비슷하다고 하던데, 어머님이 보시기에는 어떻습니까?"

난데없는 딸의 질문에 마님은 어리둥절했다.

"그러고 보니 그 모습이 매우 흡사하구나."

"흡사한 정도가 아니라 같은 사람입니다. 오늘 보신 그 분이 일전에 여자로 변장을 하여 우리 집을 찾아온 것입니다. 양반집 처녀의 몸으로 낯 모르는 사내와 한 나절 동안 이야기를 나누었으니, 이보다 더 큰 잘못이 어디 있겠습니까?"

딸의 이야기를 들은 마님은 이러지도 저러지도 못할 난처한 입장이 되고 말았다.

양 한림과 혼례에 관한 일을 의논하던 정 사도는, 그가 돌아가자 흡족한 마음으로 딸의 처소를 찾았다.

"경패야, 안에 있느냐?"

방 안에는 고요함만이 흐르고 있던 차라, 모녀는 정 사도의 목소리를 듣고 서둘러 일어섰다.

딸의 방으로 들어온 정 사도를 본 마님은, 먼저 말을 꺼냈다.

"마침 잘 오셨소. 얘가 글쎄 이번 혼인을 할 수가 없다고 하는군요."

"아니, 그게 무슨 소리냐?"

소스라치게 놀라는 정 사도를 본 마님은, 딸에게 들은 이야기를 대강 전해 주었다.

"난 또 무슨 큰일이라도 난 줄 알았다. 대장부가 아내 될 사람이 궁금하여 잠시 변장을 하고 보러 왔거늘, 그게 무슨 흉이 된단 말이냐?"

정 사도는 별일 아니라는 듯이 크게 웃어넘겼다. 부인도 그제야 안심을 하는 눈치였다.

"혼례 날짜는 잡으셨어요?"

"가을쯤에 양 한림의 어머니를 모시고 혼례를 올리기로 하고, 일단 약혼만 하기로 했소."

정 사도는 예를 갖추어 양 한림을 집으로 들어오게 한 뒤, 후원의 별채를 내주었다. 한림은 이를 감사히 여겨 정 사도 부부를 친부모처럼 극진히 모셨다.

경패 아씨는 항상 같이 지내 왔던 춘운이 요즘 들어 몹시 우울해하는 듯하여 일부러 그녀의 방을 찾았다.

"춘운아, 안에 있니?"

신발은 가지런히 놓여 있는데 몇 번을 불러도 대답이 없자, 경패 아씨는 방문을 열고 살며시 들어가 보았다.

수를 놓다가 고단했던지 춘운은 깜빡 잠이 들어 있었다. 춘운의 솜씨를 구경하던 아씨는 발 아래 떨어져 있는 종이 한 장을 발견했다.

"이게 뭘까?"

궁금한 마음에 집어든 종이를 천천히 읽어 내려가던 아씨의 눈에서 눈물이 떨어졌다.

'춘운이가 내가 시집을 가게 되면 혼자 남을 것을 서글퍼하며 지은 글이로구나.'

춘운의 마음을 이해한 경패 아씨는 그 곳을 나와 어머니가 계시는 안채로 갔다.

"드릴 말씀이 있습니다. 어려서부터 춘운은 저와 자매나 다름없이 지내 왔습니다. 오늘 그 애가 쓴 글을 읽으니, 앞으로 저와 헤어지는 것을 무척 아쉬워하고 있습니다. 어머님께서 허락하신다면 그 애로 하여금 별채에 홀로 거처하고 있는 양 한림을 모시도록 했으면 합니다."

"네 아버님께서도 춘운을 마치 수양딸처럼 생각하고 계신다. 그 애도 나이가 차고 해서, 알맞은 배필을 알아보고 있는 중이셨다. 하지만, 춘운의 마음이 너와 이별하는 것을 원치 않는다면 네 아버지와 한번 의논을 해 보마."

딸의 생각을 전해 들은 정 사도는 고개를 끄덕이며 허락을 했다.

"본인이 그토록 원한다면 그리 하도록 하시오."

부모님의 허락을 받은 경패 아씨는 곧장 춘운의 방을 찾아갔다.

"내가 시집을 간 뒤로도 너와 함께 지내고 싶은데, 네 생각은 어떠하냐?"

"그렇게만 되면 저야 더 바랄 것이 없습니다."

"그럼, 이제부터 내가 하는 말을 잘 듣도록 해라. 나는 앞으로 양 한림을 모시게 될 터이나, 그전에 일을 하나 꾸밀 것이다. 이건 일전에 그분에게 속은 분풀이이기도 하거니와, 또 너를 그분에게 소개하기 위한 일이기도 하니라."

춘운은 무언가 일을 꾸민다는 말에 겁부터 났다.

"아씨, 대체 무슨 일을 벌이시겠다는 말씀입니까?"

"호호호, 그렇게 궁금해하니 대강 이야기를 해 주마. 우선 숲 속에 있는 정자를 정한 뒤 네 신방을 꾸미고, 사촌 오빠로 하여금 양 한림을 그곳으로 데려오도록 할 것이다."

"하지만 일이 들통난 뒤에 한림 어른을 어찌 본다는 말입니까?"

"나중의 일은 걱정하지 않아도 된다."

경패 아씨의 따끔한 한마디에, 춘운은 더 이상 묻지 않고 아씨의 말을 따르기로 작정했다.

그러던 어느 날, 경패의 사촌 오빠인 정십삼이 양 한림이 거처하는 별채로 찾아왔다.

"마침 잘 오셨소. 요새 마침 대궐 일이 한가한 터라 집에서 할 일이 없어 심심했소."

"하하하, 내 그럴 줄 알고 이렇게 찾아온 것이오. 말이 나온 김에 함께 꽃구경이나 갑시다."

마음이 하나가 된 그들은 경치가 좋기로 유명하다는 산을 찾아 길을 나섰다. 숲 속을 거닐며 경치를 구경하던 그들은 맑은 물이 흐르는 냇가에 앉아 술잔을 기울였다.

"이 곳에 내려오는 전설이 있소."

"그게 어떤 전설이오?"

"요즘도 가끔 하늘에서 내려온 선녀와 신선들이 이 곳에서 놀다가 올라가곤 한다는구먼."

그들이 서로를 쳐다보며 싱겁게 웃고 있을 때였다. 멀리서 정십삼의 하인인 듯한 사람 하나가 헐레벌떡 뛰어오는 것이 보였다.

"큰일 났습니다. 마님께서 쓰러져 정신을 잃었다 합니다."

"저런, 이 일을 어쩐단 말이냐?"

정십삼은 곁눈질로 양 한림을 보면서 놀라는 체했다.

"어서 자리를 거두고 돌아갑시다."

"아니오, 한림 어른은 이 곳에 더 계시오. 나 혼자 다녀오리다."

한사코 같이 가는 것을 사양하는 터라 할 수 없이 양 한림은 홀로 그 곳에 남았다. 정십삼이 떠나고 난 뒤 심심해진 양 한림은, 내친걸음에 숲의 안쪽으로 들어가 보았다.

'아, 정말로 조용하고 아름다운 숲이로구나. 오랜만에 기분이 상쾌해 지는 느낌이다.'

숲의 향기를 들이마시며 자신도 모르는 사이에 깊숙이 들어온 양 한림은, 한 소녀가 냇가에서 빨래를 하고 있는 것을 발견했다.

양 한림이 가까이 다가오자, 그를 발견한 소녀가 큰 소리로 누군가를 불렀다.

"아씨, 아씨!"

양 한림은 소녀가 사라진 곳을 향해 한참을 걸어갔다. 그러자 별장 같은 집이 나타나고, 그 곳에서 마치 자신을 기다리기라도 한 듯한 여인이 걸어 나왔다.

"어서 오십시오."

붉은 옷에 단정히 틀어올린 머리, 손에는 하늘거리는 부채를 들고 있는 여인은 영락없이 하늘에서 내려온 선녀였다.

여인의 안내를 받아 집으로 들어간 양 한림이 자리에 앉자, 여인은 조금 전 빨래터에서 본 소녀에게 음식상을 내오도록 했다.

향기로운 술 한 잔을 마신 그는 궁금하여 여인에게 물었다.

"여인의 몸으로 어찌 깊은 산 속에 혼자 살고 있습니까?"

"벌써 하늘나라에서의 일을 모두 잊으셨군요. 저는 하늘나라의 선녀의 몸이었고, 당신은 신선이었습니다. 하늘의 법을 깨고 서로 사랑하던 우리들은, 그만 옥황상제님께 들키고 말았답니다. 그래서 당신은 속세로 내려가 사람의 아들로 다시 태어나게 되고, 저는 귀양을 가게 되었지요. 이제 그 기간이 다 되어 저는 다시 하늘나라로 돌아가게 되었답니다. 하지만 당신을 잊지 못해 마지막으로 한 번 만나 뵙고 싶어 이 곳에서 기다리고 있었답니다."

양 한림은 여인의 말을 듣고 하늘나라의 일을 더듬어보려고 했다.

'아, 저 여인의 말이 사실이라면 왜 아무 일도 생각나지 않는단 말인가?'

그는 여인과 이런저런 이야기를 나누며 밤을 보냈다. 다음 날, 여인의 목소리에 흠칫 놀란 양 한림은 자리에서 벌떡 일어났다.

"이제 하늘나라로 돌아갈 시간입니다. 저를 데리러 오는 사람들이 당신을 보면 그냥 두지 않을 것입니다. 어서 숲을 빠져나가 집으로 돌아가십시오."

"아, 만난 지 얼마 되지 않았는데, 다시 이별이라니……."

"다시 뵐 날을 기다리겠습니다."

여인과 양 한림은 아쉬운 마음에 시 한 수씩을 지어 서로 나누어 가

졌다. 아름다운 여인을 뒤로 한 채 그는 서둘러 그 곳을 빠져 나왔다.

어떻게 집으로 왔는지 정신이 없던 그는 별채에 있는 자신의 방으로 돌아와 자리를 펴고 누웠다.

'그 여인은 지금쯤 하늘나라로 돌아갔겠지.'

눈을 감아도 여인의 모습이 생생하게 떠올랐다. 거의 뜬눈으로 밤을 새운 그는 날이 밝자, 여인을 잊지 못해 다시 그 곳을 찾았다.

하지만 별장만 덩그라니 그 자리를 지키고 있을 뿐, 아무리 기다려도 여인의 모습은 나타나지 않았다.

어깨를 늘어뜨린 채 집으로 돌아온 그는 한동안 시름에 젖어 살았다.

그로부터 며칠 뒤, 정십삼이 다시 양 한림을 찾아왔다.

"여보게, 지난 번에는 참 미안하게 됐네. 내 사과하는 뜻으로 음식을 장만해 왔으니 다시 나들이를 가도록 하세."

그 동안 우울했던 참이라 그는 거절하지 않고 정십삼을 따라 나섰다.

성문 밖으로 나온 그들은 나무 그늘에 자리를 잡고 앉아 술과 음식을 먹었다. 그 때 무덤 하나가 양 한림의 눈에 띄었다.

"아니, 이 곳에 웬 무덤인가?"

임자가 없는 무덤인 듯 주위로 잡초가 무성했다.

"참으로 슬프구나. 어차피 죽으면 저렇게 묻힐 것을……."

"이 무덤은 재주가 뛰어나 사람들의 사랑을 받았던 여인의 무덤이오. 이 곳까지 오게 됐으니 술이나 한잔 올리도록 합시다."

그들은 무덤가로 가 술을 따랐다. 양 한림이 막 돌아서려는 찰나, 그의 눈을 스치는 것이 있었다.

"아니, 저건……."

그가 주워든 것은 얼마 전에 숲 속에서 만난 선녀에게 이별의 표시로 써 준 한 편의 시였다.

"그럼, 그 선녀가 바로 이 무덤의 주인이란 말인가?"

양 한림은 다시 한 번 무덤가를 돌며 여인에게 예를 갖추었다. 날이 어두워지자 그들은 서둘러 집으로 돌아왔다.

낮에 있었던 일로 마음이 심란해진 양 한림은 자리에 누워도 잠이 오지 않았다. 이리 뒤척 저리 뒤척하며 시름에 젖어 있는데, 문득 사람의 발자국 소리가 들려왔다.

그는 혹시나 하는 마음에 문을 열고 밖을 내다보았다. 문 밖에는 한 여인이 다소곳이 서 있었다.

"누구시오?"

"벌써 저를 잊으셨습니까?"

귀에 익은 여인의 목소리를 듣고 자세히 보니, 얼마 전 숲 속에서 만났던 선녀가 틀림없었다. 양 한림은 반가운 마음에 맨발로 뛰어나가 여인의 손을 잡고 방으로 들어왔다.

"오늘 제 무덤을 찾아오셨으니, 제가 누구인지 아셨을 겁니다. 좁은 마음에 귀신이란 것을 숨기고 거짓말을 했습니다. 무덤을 찾아와 위로를 해 주는 당신의 모습을 보고 참으로 감격했습니다. 그래서 감사의 인사도 드릴 겸 이 곳을 찾았습니다. 귀신의 몸으로 여기까지 찾아온 저를 꾸짖어 주십시오."

"무슨 말씀이시오? 사람도 죽으면 귀신이 되고, 가끔은 귀신이 사람의 모습으로 나타나기도 하지 않습니까? 나는 당신을 진심으로 좋아하기 때문에 어떤 모습으로 나타나도 상관이 없소."

양 한림의 진심을 안 여인은 그제서야 굳었던 얼굴에 미소를 보였다. 그 동안 못했던 이야기를 나누며 두 사람은 밤을 새웠다.

날이 밝아오기 시작하자 여인은 서둘러 양 한림의 방을 빠져 나가려고 했다.

"밤마다 나를 찾아오시오. 당신을 기다리고 있겠소."

그 뒤부터 양 한림은 여인을 만날 생각에 밤이 되기만을 기다렸다. 그는 바깥 출입을 일절 하지 않은 채 별채에만 머물렀다.

이를 지켜보던 정십삼이 장안에 널리 알려진 점쟁이 한 사람을 데리고 왔다.

"요사이 자네에게 큰 근심거리가 있는 듯하여 점을 잘 본다는 사람을 불러왔네."

점을 보는 사람은 양 한림의 모습을 이리저리 살펴보기 시작했다.

"생김새를 보니 필시 높은 벼슬에 올라 부귀영화를 누릴 관상이지만, 좋지 않은 기운이 몸 속 깊이 스며 있소."

양 한림은 점쟁이가 아무렇지도 않게 내뱉는 말에 깜짝 놀랐다.

'아, 요새 만나는 무덤 속의 여인을 말하는가 보다.'

하지만 그는 아무런 내색도 하지 않은 채 점쟁이의 말에 크게 관심을 두지 않았다.

"사람과 귀신은 그 기운이 달라서 서로 받아들이지 않는 법입니다. 귀신에게 홀리면 결국 그 목숨을 잃게 됩니다. 제가 부적을 한 장 써 줄 테니, 다시 귀신이 나타나거든 꺼내 보이십시오."

"아니, 그게 무슨 소리란 말이오? 사람의 운명은 태어날 때부터 정해져 있다고 했습니다. 귀신이 함부로 사람의 목숨을 가지고 장난을 칠 수는 없는 법입니다."

양 한림은 퉁명스럽게 한 마디 쏘아붙이고는 그 자리에서 횡하니 나와 버렸다. 정십삼은 얼른 따라나와 한 마디 해 주었다.

"너무 염려 마십시오. 점쟁이가 하는 말이 다 맞으란 법은 없지 않습니까?"

그는 머리를 긁적이며 더 이상 할말이 없는 듯 물러갔다.

그날 밤, 여인이 나타나기만 기다리고 있던 양 한림은 흐느끼는 여인의 목소리를 들었다.

"이제 저희들의 인연도 다 되었나 봅니다. 부적을 지니고 저를 반기지 않으시니, 소녀 이제 더 이상 이 곳을 찾지 않겠습니다. 그럼, 이만 물러가렵니다."

뜻 모를 소리에 놀란 양 한림은 문을 열고 얼른 밖으로 뛰쳐나갔다.

"이게 무슨 소리란 말인가?"

여인이 사라지고 난 자리에는 시가 적힌 종이 한 장만 덩그라니 놓여 있었다. 여인의 애절한 시를 읽고 난 양 한림은 슬픔에 목이 메었다.

이상한 생각이 든 그는 혹시나 하는 마음에 자신의 머리 끝을 더듬어 보았다. 무언가 손에 잡히는 것이 있어 확인해 보니, 그것은 귀신을 쫓는다는 부적이었다.

'이런! 정십삼이 시키지도 않은 일을 했구나.'

이 일이 있은 뒤로는 무덤의 여인도, 정십삼도 도무지 그 모습을 드러내지 않았다. 양 한림은 행여 여인이 찾아올까 봐 밤을 새워 기다렸지만 헛수고였다.

드디어 마음의 병을 얻은 양 한림은 몸이 점점 수척해져 갔다. 양 한림이 몸져 누웠다는 소식은 금세 정 사도의 귀에 들어갔다.

"아니, 이게 웬일인가? 그렇게 풍채가 좋던 사람이 그새 몸이 많이 축났구먼."

어느 새 정십삼이 들어와 정 사도의 곁에 서 있었다.

"제가 보기에도 몸이 좋아 보이지 않습니다."

정십삼이 맞장구를 치자, 정 사도는 종들에게서 흘러나오는 소문에 대해 물었다.

"들리는 말에 의하면 한림이 낯선 여인과 정답게 이야기를 나누는 것을 봤다고 하던데, 그 말이 사실인가?"

"저도 그런 말을 전해 듣고 저 사람에게 귀신을 멀리하는 부적을 몰래 넣어 두었습니다."

정 사도와 정십삼이 나누는 얘기를 듣고 있던 양 한림은 더 이상 숨길 수 없음을 깨닫고 사실대로 털어놓았다.

"심려를 끼쳐 드려 죄송합니다. 사실은 정십삼과의 나들이 길에 우연히 하늘나라에서 온 선녀님을 만나게 되었는데, 알고 보니 그 여인은 어느 주인 없는 무덤의 귀신이었습니다. 정이란 한번 맺으면 끊기 어렵다는 말처럼, 그 뒤로도 그 여인을 마음에 두고 제가 거처하는 별채에서 만나곤 했습니다. 그런데 어찌 눈치를 챘는지 정십삼이 유명한 점쟁이에게 부적을 쓰게 하여 그 여인을 쫓아 버리고 말았습니다. 그 뒤로는 여인의 모습을 볼 수 없었습니다."

이야기를 다 듣고 난 정 사도의 얼굴에 희미한 웃음이 떠올랐다.

"하하하, 자네 얘기를 듣고 나니 묘한 생각이 드는군. 자네가 그 여인을 다시 보는 것이 소원이라면 내 그렇게 해 줌세."

"옛? 그게 무슨 말씀이신지……."

"자, 잘 보게나."

정 사도는 흥미롭다는 듯이 무슨 주문을 외기 시작했다. 잠시 후, 방안 뒤로 둘러쳐진 병풍에 신호를 보냈다.

"아니, 당신은……"

양 한림 앞에 다소곳이 모습을 드러낸 여인은 다름 아닌 그가 그토록 애타게 기다리던 무덤의 주인이었다.

사실 그녀는 귀신이 아닌, 가춘운이었다. 가춘운이 경패 아씨와 함께 양 한림을 골려 주려고 꾸민 짓이었다.

양 한림은 춘운과 정십삼을 향해 한마디 쏘아 주었다.

"아니, 어찌 그렇게 감쪽같이 사람을 속일 수 있단 말이오?"

"저는 드릴 말씀이 없습니다."

그 자리에 있던 춘운은 너무도 부끄러워 몸 둘 바를 몰라 했다. 옆에서 잠시 그들이 하는 이야기를 듣고 있던 정 사도가 나섰다.

"너무 억울해하지 말게. 내가 아는 바로는 자네가 먼저 여장을 하고 우리 집을 찾아왔다고 들었네."

"아니, 그걸 어떻게……."

"경패한테서 들은 말일세. 이번 일은 나쁜 마음 없이 장난으로 자네를 속인 것이니 너그러이 용서해 주게."

양 한림은 경패 아씨를 보기 위해 여장을 하고 처음 이 집을 찾았던 일이 생각났다.

'그 때 일을 잊지 못하고 분풀이도 할 겸 이런 장난을 친 것이로구나. 아가씨의 속임수에 내가 보기 좋게 넘어갔군.'

하지만 그는 경패 아씨의 장난이 밉지만은 않았다. 별채에 홀로 있는 자신을 위해 춘운과 가까이 하는 계기를 만들어 준 아씨에게 고마운 생각이 들었다.

밤이 깊어 춘운과 자리를 같이 한 양 한림은 못다한 이야기를 나누며 밤을 지새웠다.

장수가 된 양소유

어느덧 계절이 바뀌어 가을이 되었다.

양소유는 경패 아씨와 혼인을 하기 위해 고향에 계신 어머님을 모셔 오려고 했으나, 나라 안 사정이 여의치 않았다.

주변의 오랑캐들이 자주 국경 주변을 침입해 와 황제는 골머리를 앓고 있었다.

"참으로 큰일이오. 오랑캐들이 백성들의 물건을 빼앗고, 심지어 사람까지 죽이며 나라 안을 돌아다니니 이 일을 어쩌면 좋단 말이오?"

신하들은 아무런 방도를 찾지 못해 선뜻 앞으로 나서지 못했다.

"먼저 그들에게 기회를 주어야 할 것입니다."

"그게 무슨 소리요?"

앞으로 나선 양 한림의 엉뚱한 말에 모두들 눈이 휘둥그레졌다.

"일단 좋은 말로 달래는 글을 써 보내는 것입니다. 그런 다음에도 항복을 하지 않을 경우에는 군사를 보내도록 하십시오."

"그게 좋겠소."

양 한림은 침략자들에게 보내는 편지를 써서 황제에게 건네 주었다. 사신은 그 편지를 오랑캐 장수에게 전했다.

논리 정연한 양 한림의 글을 읽은 오랑캐들은 스스로 항복하고 나왔다. 하지만 한 무리의 오랑캐가 굴복하지 않았다.

"오직 한 무리만이 항복을 하지 않으니, 양 한림이 나서서 물리치고 오너라."

"분부대로 그들을 무찔러 임금님과 백성들의 근심을 없애도록 하겠습니다."

궁궐을 물러나온 양 한림은 정 사도의 집으로 돌아와 이 일을 말씀드렸다.

"글공부에만 전념하던 선비의 몸으로 어찌 그런 위험한 전쟁터로 나간단 말이냐? 내 생각에는 몸을 사리는 것이 좋을 듯하다."

"염려하시는 뜻은 잘 알겠지만, 사내 대장부가 임금님과 한 약속을 어찌 어길 수 있겠습니까? 부디 허락해 주십시오."

정 사도는 흉악한 오랑캐들이 득실거리는 전쟁터에, 장차 사위가 될 사람을 내보내는 것이 내키지 않았다.

"장인 어른 말씀이 맞네. 나도 행여 자네가 몸이라도 다칠까 봐 걱정이 되네."

이야기를 듣고 있던 부인도 나서서 한 마디 거들었다. 양 한림은 다시 한 번 두 분의 마음을 위로해 드리고 떠날 채비를 했다.

막 대문을 나서려고 할 때였다. 가춘운이 급히 달려오며 작별의 인사를 했다.

"이미 마음을 작정했다고 하니 더 이상 붙들지는 않겠습니다. 부디 좋은 성과 있으시기 바랍니다."

서울을 떠난 그는 위세 당당하게 낙양성에 도착하였다.

'아, 얼마만인가? 그 때 과거를 보러 가던 길에 이 곳을 지나게 되었는데, 벼슬을 하여 다시 오게 되다니 감회가 새롭구나.'

양 한림은 문득 기생 계섬월과의 일이 떠올랐다. 그는 사람을 시켜 계섬월의 집을 가르쳐 준 뒤 소식을 알아오라 했다.

"어르신, 말씀해 주신 곳에는 사람이 살고 있지 않습니다. 마을 사람에게 물어보니, 그 곳에 살던 기생 계섬월은 어느 날인가 홀연히 사람을 찾겠다며 집을 나가 버렸다고 합니다. 그 뒤로는 아무런 소식을 듣지 못했다고 하는군요."

"아, 조금만 더 일찍 이 곳을 찾아 왔더라면……."

양 한림은 한 동안 마음이 울적하였다. 하지만 그는 황제의 명을 받아 오랑캐를 무찌르러 가던 길이라 할 수 없이 서둘러 그 곳을 떠나야만 했다.

양 한림은 잠시 붓을 들어 그의 마음을 담은 시 한 수를 지어 계섬월의 집에 남겨 두고 왔다.

군사들을 이끌고 오랑캐들이 사는 곳에 도착한 양 한림은 우선 그 곳

의 지형을 둘러보았다.

　오랑캐 무리의 염탐꾼이 떼지어 나타난 군사들을 보고, 놀라 기겁을 하며 장수에게 달려갔다.

　"큰일 났습니다. 비범해 보이는 한 장수가 수많은 군사들을 이끌고 이리로 오고 있는 중입니다."

　오랑캐 장수는 직접 나가 양 한림의 군사들을 지켜보았다.

　'아, 저 사람은 보통 인물이 아니로구나. 섣불리 대적했다가는 살아 남지 못할 것 같다.'

　덜컥 겁을 집어먹은 오랑캐 장수는 굴복의 의미로 예를 갖추어 그들을 맞아들였다.

　"무슨 까닭으로 그대들은 황제의 명령을 거역하고, 착한 백성들을 괴롭힌단 말인가? 하늘이 두렵지도 않느냐?"

"잘못했습니다. 서울의 소식이 이 곳까지 들리지 않아 이렇게 훌륭한 장수가 계신 줄도 모르고 그 동안 제가 함부로 행동했으나, 이후로는 다시 그런 일이 없도록 하겠습니다."

오랑캐 장수는 머리를 조아리며 양 한림 앞에 무릎을 꿇었다. 그는 곧 성대한 잔치를 베풀어 군사들을 대접했다.

양 한림은 그제야 안심이 되어 서울로 군사들을 되돌렸다. 열흘쯤 시간이 지나 한단이라는 곳에 이르렀을 때였다.

"여봐라, 이 곳에 잠시 쉬었다 가도록 하자."

양 한림과 군사들은 그 곳에 짐을 내리고 잠시 휴식을 취했다. 그 때 멀리서 말 한 마리가 뿌연 연기를 일으키며, 그들이 쉬고 있는 곳을 향해 달려오고 있었다.

"어디를 저리 급하게 가는 걸까?"

그들이 쉬고 있는 곳에서 말을 멈춘 사람은, 말에서 내린 다음 양 한림이 있는 곳으로 다가왔다.

"초면에 실례하겠습니다."

가까이서 보니 말에서 내린 사람은 어려 보이는 소년이었다. 하지만 그 눈빛이 별처럼 초롱초롱하여 보는 이의 가슴을 설레게 했다.

"그대는 어디에 사는 누구인가? 무슨 일로 그리 급히 말을 몰았는가?"

"예, 저는 적백란이라고 하며 한적한 곳에 살고 있어 배운 것이 많지 않습니다. 한림 어른이 이 곳을 지난다는 소식을 듣고 이렇게 찾아왔습니다. 오늘에야 이렇게 훌륭하신 분을 뵙게 되니 참으로 기쁩니다. 부디 가까이에서 모실 수 있도록 해 주십시오."

양 한림도 총명해 보이는 소년이 마음에 들었다.

"네 뜻이 그렇다면 그리 하도록 해라. 자, 그럼 우리와 함께 서울로 가도록 하자."

서울로 향하는 길에 낙양성을 지나게 되었다.

'아, 이 곳에 오니 다시 계섬월이 떠오르는구나. 지금쯤 섬월은 어디에 있는 걸까?'

계섬월과의 짧았던 만남을 추억하며 그 곳을 지나려고 할 때였다. 길가에 낯익은 여인이 서 있었다.

"아니, 저 여인은 내가 찾던 계섬월이 아닌가?"

너무 놀란 그는 아랫사람을 시켜 그 여인을 데려오라 일렀다. 가까이에서 여인의 모습을 확인한 양 한림은 너무도 기쁜 나머지 소리를 질렀다.

"당신은……."

"오랜만에 뵙습니다. 계섬월이 인사 드립니다. 일이 생겨 집을 비운 사이에 제 집을 다녀가셨더군요. 두고 가신 시 한 수를 보고 짐작했습니다."

"섬월이가 틀림없구려. 이제야 당신을 만나다니……."

계섬월도 그제야 꿈 같은 만남을 확인하고 눈시울을 적셨다.

"제가 바라던 대로 당신은 훌륭한 분이 되셨습니다. 그 동안 혼인도 하셨는지요?"

"당신이 가르쳐 준 정 사도의 따님을 만나 약혼을 했소."

양 한림과 계섬월은 지난 이야기를 나누느라 밤이 깊어가는 줄도 몰랐다. 그렇게 며칠을 보내는 사이, 서울로 올라 갈 날이 점차 늦춰지고 있었다.

그 날도 양 한림은 계섬월과 마주 앉아 술을 마신 후, 곧 곯아 떨어졌다. 목이 말라 물을 찾던 중에 그는 얼핏 잠이 깼다.

"섬월이, 물 좀 주시오."

"여기 있습니다. 어서 드시지요."

섬월이 내미는 물잔을 받아든 양 한림은 순간 자기의 눈을 의심했다. 섬월이와 닮은 모습이긴 했지만, 분명 섬월이는 아니었다.

"당신은 누군데 남의 방에 들어와 있는 게요?"

"놀라게 해 드려 죄송합니다. 제 이름은 적경홍이라고 합니다. 계섬월과는 어린 시절부터 친하게 지내던 사이입니다. 섬월이 잠시 볼일을 보러 가면서 한림 어른을 모시라고 부탁을 했습니다. 그래서 이렇게 어르신 허락도 없이 들어와 있었습니다."

다소곳이 말하는 여인의 모습을 바라본 양 한림은 흠칫 놀랐다.

'뛰어난 미인이로구나. 하지만 어디선가 본 듯한 얼굴인데……'

기억을 더듬어 이리저리 생각을 하던 그는 마침내 무릎을 탁 쳤다.

"혹시 적백란이라는 소년을 알고 있느냐?"

적경홍의 모습이 오랑캐의 땅에서 만난 적백란의 모습과 너무도 흡사하였다.

"모릅니다."

간단히 모른다고 대답하는 그녀의 얼굴 위로 일순간 후회의 빛이 떠돌았다. 그녀의 대답에도 불구하고 양 한림은 여전히 의심의 빛을 거두지 않았다.

"혹시 네가 소년의 모습으로 변장한 건 아니냐? 내가 보기에 적백란과 너는 한사람인 것 같구나."

양 한림의 예리함에 놀란 적경홍은 변장을 할 수밖에 없었던 자신의 처지를 자세히 이야기했다.

"배운 바가 많지 않은 저는 기생이 되어 살았습니다. 그러던 중 오랑캐 장수로부터 귀여움을 받아 그들이 사는 곳까지 가게 되었습니다. 맛있는 음식과 좋은 옷을 걸쳤지만 마음은 항상 편치 않았습니다. 제가 바라는 바는, 훌륭한 분을 곁에 모시고 그 분의 가르침을 따르는 것이었습니다. 마침 한림 어른이 오랑캐 무리를 치러 온 것을 알고 몰래 엿본 순간 '바로 이 분이야' 하는 생각이 들었습니다. 그래서 한림 어른을 따라갈 결심을 하게 되었습니다. 저는 그 곳을 조용히 빠져나오기 위해서 한 가지 꾀를 내었습니다. 그래서 한림 어른이 떠나고 난 뒤 소년으로 변장을 하고 말을 구해 달렸던 것입니다."

"그랬구나. 그 동안 마음 고생이 많았겠구나."

"일이 이렇게 됐으니, 부디 저를 받아 주시기 바랍니다."

양 한림은 적경홍의 손을 잡아 주며 고개를 끄덕였다.

일을 보러 나갔던 계섬월이 돌아와 세 사람은 서로 이야기를 나누며 즐거운 시간을 보냈다.

"이제 그만 황제가 계시는 서울로 돌아갈 때가 되었소. 두 분은 조만간 내가 다시 서울로 초대하겠소."

작별 인사를 나눈 양 한림은 서둘러 발길을 재촉했다.

서울에 도착한 그는 황제에게 나아가 오랑캐를 굴복시킨 일을 자세히 아뢰었다.

"오, 대단히 수고가 많았소. 내 그대에게 귀한 보물과 높은 벼슬자리를 내릴 것이오."

"아닙니다. 신하 된 도리로 해야 할 일을 한 것뿐입니다."

황제는 양 한림의 예의 바른 태도에 감동되어, 그를 예부 상서를 겸한 한림 학사로 임명했습니다.

양 상서가 된 그는 대궐을 나와 정 사도의 집으로 향했다.

'아, 어떻게 지내고들 있을까? 몹시 궁금하구나.'

혼인의 어려움

정 사도 집안 사람들은 양소유가 오랑캐를 물리친 일을 칭찬하며, 그를 반갑게 맞아 주었다.

그 뒤로 황제는 양 상서를 곁에 두고, 그와 함께 시간 가는 줄 모르고 학문에 관한 이야기를 나누었다.

그 날도 양 상서는 궁궐에서 늦게 일을 마치고 돌아가려던 참이었다. 어디선가 퉁소 소리가 아련히 귓가에 들려왔다.

'참으로 아름다운 소리로구나. 어디서 흘러 나오는 소리일까?'

양 상서는 그에 답해 주기라도 하듯 품 안에 있던 퉁소를 꺼내어 불기 시작했다. 퉁소 소리가 하늘가로 울려 퍼지자 어디선가 학 두 마리가 날아와 춤을 추었다.

그 즈음 황태후에게는 아들 둘과 딸 하나가 있었다. 맏아들이 황제이고, 둘째 아들이 월왕이었으며, 딸은 난양 공주였다.

황태후가 공주를 낳기 전에 선녀가 날아와 옥구슬을 주는 태몽을 꾸었다. 공주는 자라면서부터 재주와 용모가 남달랐다.

"공주님의 글솜씨는 참으로 뛰어나십니다. 더 이상 가르칠 것이 없을 정도입니다."

난양 공주를 가르치던 스승들은 혀를 내두르며 감탄해 마지않았다.

한번은 서역에 위치한 한 나라로부터 옥퉁소를 선물 받은 황태후가 악공을 불렀다.

"생김새는 퉁소와 비슷하나 소리는 어떨지 모르겠다. 어디 한번 연주를 해 보아라."

명을 받은 악공은 퉁소를 들어 소리를 내어보았다. 하지만 아무리 불어도 소리가 나지 않았다.

"제가 한번 불어 보겠습니다."

황태후의 옆에 다소곳이 앉아 있던 난양 공주가 앞으로 썩 나섰다.

'공주는 이제까지 퉁소를 불어 본 적이 한 번도 없을 텐데……'

허락을 받은 공주는 퉁소를 건네받아 불기 시작했다. 악공이 아무리 불어도 소용이 없던 퉁소에서 어느 새 맑은 소리가 흘러 나왔다.

"대체 어찌 된 일이냐? 이 어미가 알기로는 퉁소를 배운 적이 없을 터인데, 처음 불어 보는 솜씨가 아니로구나."

"사실은 며칠 전에 꿈을 꾸었습니다. 하늘에서 내려온 한 선녀님이 옥퉁소를 내밀더니 부는 법을 가르쳐 주셨습니다."

난양 공주는 꿈 속에서 본 퉁소를 보자 한번 시험해 보고 싶어 불어 본 것이었다. 이 소문은 곧 궁궐에 퍼지게 되고, 사람들은 모두 신기한 일이라고 입을 모았다.

재주와 미모가 빼어난 공주도 이제 혼인할 나이가 되었는데, 마땅한 혼처를 잡지 못하고 있었다.

며칠이 지난 뒤, 공주는 밤늦게 퉁소를 꺼내 불다가 어디선가 들려오는 퉁소 소리에 마음을 빼앗겼다.

이 일은 곧장 황제의 귀에 들어가게 되었다.

"어머님, 소화와 양 상서가 부는 퉁소 소리에 맞추어 학 한쌍이 춤을 추었다고 합니다. 이는 하늘이 정해준 인연이 아닌가 합니다."

선물 받은 옥퉁소의 한쪽에 소화라는 이름이 적혀 있는 것을 안 뒤로 황태후는 공주의 이름을 그렇게 불렀다.

"놀라운 일이로구나. 하지만 사람을 보지 않고는 결정하지 못하겠다."

"그럼 제가 자리를 마련할 테니 한번 보시기 바랍니다."

사람을 시켜 양 상서를 부른 황제는 가만히 물어보았다.

"그대는 역대 제왕의 시 가운데 누가 으뜸이며, 여러 신하 중에는 누가 제일이라고 생각하는가?"

"감히 제가 아뢸 수 없는 일이거니와 굳이 제 의견을 말하라고 하신다면, 역대 왕 중에는 현종 황제가 제일이며, 신하 가운데는 이태백이 최고라고 생각합니다."

"짐도 그렇게 생각하오."

양 상서와 서로 시에 관한 여러 가지 이야기를 나누던 황제는 한 가지 제안을 했다.

"여기 있는 궁녀들이 들고 있는 비단부채에 시 몇 수를 적어 주시겠소?"

부탁을 받은 양 상서는 하인이 가져다 준 붓을 들어 막힘없이 시를 적어 나가기 시작했다. 궁녀들은 곧 시가 적힌 비단부채를 임금에게 가져다 드렸다. 시를 찬찬히 읽어 본 황제는 매우 흡족한 표정이었다.

황제는 곧 음식을 준비하게 하여 양 상서를 극진히 대접했다. 집으로 돌아온 그는 피곤했던지 방으로 들어가자마자 잠이 들었다.

이튿날, 날이 밝자 밖에서 방문을 흔드는 소리가 들려왔다.

"상서 어른, 손님이 오셨습니다."

의관을 갖춘 양 상서는 문 밖으로 나가 보았다. 그를 찾아 온 사람은 다름 아닌 황제의 동생 월왕이었다.

나이는 스무 살 정도였는데, 외모에서 흘러 나오는 기운이 범상치 않았다. 황급히 방으로 모시고 들어가 예를 갖추었다.

"이 곳까지 어인 행차이십니까?"

"그대의 명성은 익히 들어 잘 알고 있소. 전부터 만나보고 싶었는데, 이제야 자리를 함께 하게 되었군. 오늘은 황제의 뜻을 전하러 왔소. 난양 공주가 혼인할 나이가 되었는데, 아직 제 짝을 찾지 못하고 있던 차에, 그대의 사람됨과 재주를 훌륭히 여겨 황제께서 부마로 정하셨소."

뜻밖의 일에 양 상서는 몸둘 바를 몰랐다.

"갑작스런 일이라 어찌 말씀을 드려야 될지 모르겠습니다. 하지만 저는 이미 정 사도의 따님과 혼인을 약속한 몸입니다. 전하의 과분한 성은을 어찌 갚아야 할지…… 부디 돌아가셔서 잘 말씀 드려 주시기 바랍니다."

"허, 일이 그렇게 되었구려. 황제께서 실망이 크실 텐데……."

무척 섭섭해하며 월왕이 돌아가고 난 뒤, 양 상서는 정 사도 부부를 찾았다.

"그래, 그 분은 돌아가셨나? 그런데 무슨 일로 이 누추한 곳까지 오셨단 말인가?"

"예, 방금 배웅을 하고 들어오는 길입니다. 월왕께서 하시는 말씀이, 황제께서 저를 공주의 남편감으로 정하셨다 합니다."

"그게 정말이오?"

정 사도는 너무 놀라, 벌어진 입을 다물지 못했다.

"하지만 너무 심려 마십시오. 제가 이미 약혼한 몸이라 그럴 수 없다고 거절했습니다. 월왕께서 잘 말씀 드려 줄 것입니다."

한편, 양 상서의 시 짓는 모습을 엿본 황태후는 이미 그를 공주의 신랑감으로 점찍어 두고 있었다.

황제도 양 상서의 재주에 감탄하며, 궁녀들의 부채에 써 준 시를 다시 보고 싶은 생각이 들었다.

"여봐라, 양 상서가 시를 적은 비단부채를 모두 가져 오너라."

그러자 황제의 명령을 받은 여러 궁녀 중에 한 여인이 당황하여 어쩔 줄 몰랐다. 그 여인의 이름은 진채봉이었다.

전쟁 중에 억울한 죽음을 당한 아버지 때문에 궁궐에 끌려와 궁녀가 되었던 채봉은, 아름다운 외모와 남다른 글솜씨로 인해 특별히 난양 공주의 시녀로 뽑히게 되었다.

궁궐에 있으면서도 항상 양소유만을 생각하던 진채봉은, 어느 날 궁궐로 들어와 황제 앞에서 시를 짓고 있는 양 상서를 보았다.

'아, 저 분은 꿈 속에서도 그리워하던 양소유 어른이 아닌가?'

하지만 이제는 바라볼 수도 없을 정도로 높은 벼슬에 있어 말을 붙일 수도 없는 지경이었다.

그 날 양소유가 비단부채에 쓴 시를 가지고 방에 돌아온 채봉은 밤새도록 눈물을 흘렸다. 채봉은 자신의 애절한 마음을 담아 부채에 시 한 수를 적어 넣었다.

그런데 황제가 명을 내려 시를 적은 부채를 가져오라 하니, 가슴이 덜컥 내려앉았다.

'아, 이제 죽은 목숨이구나.'

채봉은 이제 더 이상 어쩔 수 없는 일이라 생각하고, 사실 그대로 황제께 아뢰었다.

"그럼, 양 상서를 만나 보았느냐?"

"먼 발치로 뵈었을 뿐 만나 뵙지는 못했습니다."

"이 같은 일을 사실대로 이야기해 주니, 네 죄를 용서해 주겠다. 앞으로는 공주를 섬기는 데 정성을 다해라."

황제 앞을 물러나온 채봉은 비로소 안도의 한숨을 내쉬었다.

양 상서를 찾아가 공주와의 혼인의 뜻을 물었던 월왕은, 궁궐로 돌아와 황제를 뵈었다.

"어찌 되었느냐?"

"예, 양 상서는 전하의 뜻을 알고 상당히 감격해했으나, 이미 혼처가 정해져 있다고 하며 부마 자리를 거절했습니다."

"뭐라고? 내 친히 물어보리라."

황제는 사람을 보내 양 상서를 입궐하도록 했다.

"난양 공주로 말하자면 그 재주가 뛰어나 아직 마땅한 배필을 구하지 못했다. 이제 양 상서 같은 훌륭한 사람을 만나 짝을 지어 주려고 월왕을 보냈거늘, 어찌 약혼한 자리가 있다고 하여 거절을 했단 말인가? 정 사도의 딸과는 아직 혼인을 하지 않았으니, 과인의 말을 따르는 것이 어떻겠소?"

난처한 입장에 빠진 양 상서는 뭐라고 황제를 설득해야 할지 난감했다.

"미천한 소인을 이처럼 생각해 주시니 감사할 따름입니다. 하지만 정 사도가 그 동안 제게 베풀어 준 은덕과, 아직 혼례는 올리지 않았지만 장래를 약속한 경패 아씨와의 언약을 어찌 쉽게 저버릴 수 있겠습니까?"

"이미 황태후께서도 허락을 하신 일이오. 돌아가서 잘 생각해 보도록 하시오."

혼인의 뜻을 거두어 들이지 않는 황제 앞을 물러 나온 양 상서는 두 어깨를 축 늘어뜨린 채 집으로 돌아왔다.

정 사도의 표정이 밝지 않음을 안 양 상서는 그새 무슨 일이 있었음을 눈치 챘다.

"어서 오게. 자네가 궁궐로 간 사이 황태후의 사자가 와서, 자네와 내 딸과의 약혼을 없었던 일로 하라고 하셨네. 궁궐의 명이라 더 이상 어찌할 도리가 없으니, 혼인을 물리는 것이 좋겠네."

"아닙니다. 제가 나서서 어떻게든 해 보겠습니다."

"아내는 기절하여 벌써 자리에 눕고 말았으니, 앞으로 서로 얼굴을

보기가 민망할 듯하네. 이참에 자네의 거처를 옮기는 것이 좋을 듯싶네."

양 상서는 더 이상 아무 말도 하지 못하고 별채로 돌아갔다. 그 곳에는 춘운이 수심이 가득한 얼굴로 기다리고 있었다.

"아씨와의 일이 이렇게 돼 버렸으니 저도 그만 상서 어른을 잊을까 합니다. 앞으로 불쌍한 우리 아씨만을 모시고 살 생각입니다."

"아직 일이 그렇게 된 것이 아닌데, 어찌 그런 방정맞은 소리를 하느냐?"

"아씨께서는 부모님을 모시다가, 머리를 깎고 중이 되어 절로 들어가겠다 하셨습니다. 어려서부터 생사를 같이 하기로 맹세했으니, 저도 아씨를 따르겠습니다."

춘운이 엎드려 울다가 돌아가자, 양 상서는 마음을 굳게 먹고 황제에게 올리는 글을 써내려 갔다.

무릇 신하 된 사람은 위로는 황제의 뜻을 살피고, 아래로는 백성들의 본보기가 되어야 할 것입니다. 재주 없는 소인은 훌륭하신 공주님과는 어울리지 않을 뿐더러, 이미 혼인할 여인이 있음에야 더 말할 것이 없습니다. 하물며 황태후께서 직접 사람을 보내어 그 혼인을 파기하라 하심은 이치에 어긋난 일입니다. 그로 인해 저와 혼인을 약속한 집안 사람들이 많은 상처를 입었습니다. 사람의 일 중에 중요한 혼사 문제를 이렇게 처리하심은 뭇 백성들의 윤리에 벗어난 일로, 나라를 다스리는 데 큰 걸림돌이 될 줄로 압니다. 부디 아량을 베푸시어 부마 자리를 거두어 주시기 바랍니다.

황제는 양 상서의 글을 읽고, 황태후를 찾아가 일의 경과를 말씀 드렸다.

"무례하구나. 감히 궁궐의 명을 어기고 이와 같은 글을 쓰다니……."

화가 난 황태후는 당장 양 상서를 잡아 가두라고 엄명을 내렸다.

자객과 용왕의 딸

이즈음 변방의 오랑캐 토번국이 엄청난 군사들을 모아 국경 지방을 침략하고 서울로 쳐들어 오고 있었다.

"어서 서울을 떠나 다른 곳으로 피하심이 옳을 듯합니다."

황제 앞에 의논을 하기 위해 모인 신하들은 별다른 방도를 찾지 못하고, 서둘러 도망갈 궁리를 찾기에만 급급했다.

"양 상서와 이 일을 의논하는 것이 좋겠소. 옥에 갇힌 그를 어서 데리고 오시오."

급히 불려온 양 상서를 본 황제는 서둘러 그에게 오랑캐를 물리칠 묘수를 물었다.

"황제께서 이 곳을 버리고 떠나셔서는 안 됩니다. 백성들의 원성이 클 것이며, 다시 이 곳을 되찾는 데에도 많은 시일이 걸릴 것입니다. 제게 군사를 주시면 온 힘을 다해 물리치겠습니다."

양 상서는 3만의 군사를 이끌고 대장군이 되어 출전을 하였다. 양 장군은 먼저 위교에 진을 친 다음, 기회를 보아 오랑캐의 우두머리를 처치해 버렸다.

대장수를 잃은 오랑캐의 무리는 갈팡질팡하며 사방으로 흩어졌다. 양 장군은 이를 놓치지 않고 추격하여 큰 승리를 얻었다.

이 소식은 곧 서울에 계신 황제에게 알려지고, 그 소식을 들은 황제는 몹시 기뻐하였다.

"이번에 승리를 거두었다고는 하지만 아직 적을 다 물리친 것은 아니다. 빼앗긴 지역을 되찾고 도망간 적군을 섬멸할 때까지 긴장을 풀어서는 안 된다."

양 장군은 군사들을 독려하는 한편, 무술에 능한 군사들을 더 보내줄 것을 황제에게 요청했다. 양 장군은 가는 곳마다 승승장구하며 오랑캐들을 무찔렀다.

적설산 아래에 진을 치고 있을 때였다. 돌연 까마귀 한 마리가 나타나 시끄럽게 울고 가는 것이었다.

'분명 적들이 움직일 기세다. 조심해야겠다.'

산 아래 진을 치고 기회가 오기만을 기다리고 있던 양 장군은, 그 날도 천막 안에 초를 켠 채 책을 보고 있었다.

어디선가 불어오는 한 줄기 바람에 그만 촛불이 꺼지고 말았다. 갑자기 공중에서 휙 하는 소리와 함께 손에 칼을 쥔 사람이 나타났다.

"웬 놈이냐?"

"토번국에서 온 자객이오. 내 그대의 머리를 가지러 왔으니 목을 내놓으시오."

"하하하, 그 용기가 가상하다."

아무런 두려움이 없이 당당한 양 장군의 모습에 자객은 칼을 내던졌다.

"무슨 사연이 있는 모양인데, 이리로 앉아 긴장을 푸시오."

친절하게 자리를 권하던 양 장군은 밝은 촛불 아래 자객의 모습을 살폈다. 자객은 비록 갑옷을 입었지만, 외모가 뛰어난 여인이었다.

"이제 와서 무얼 더 숨기겠습니까? 모두 다 말씀드리겠습니다. 저는 당나라 사람으로, 어릴 때 부모님을 모두 여의고 우연한 기회에 도사 한 분을 따라가게 되었습니다. 도사님 밑으로는 세 명의 제자가 있었는데, 진해월, 김채홍, 그리고 저 심요원입니다. 우리들은 3년의 수련 끝에 도술에 능통하게 되었습니다. 그러나 무슨 일이 있을 때면 도사님께서는, 저를 제외한 두 사람에게만 일을 맡기니 크게 실망한 적이 여러 번이었습니다."

분하게 여겨졌던 지난 날을 떠올리던 심요원의 얼굴에는 자기도 모르는 사이 미소가 번졌다.

"하지만 여기에는 스승님의 큰 뜻이 숨겨져 있었습니다. 지금에 와서 생각해 보면, 양 장군님을 만나게 해 주려고 제 몸을 아껴 두었던 것 같습니다. 봄이 되자 스승님은 조용히 저를 불러 '토번국의 왕이, 황제께서 보내신 대장군을 없앨 자객을 모집한다고 하니 네가 나서 보도록 해라' 하고 일러 주셨습니다. 영문을 몰라 가만히 있는 저를 보고 대뜸 스승님은 '그 대장군이 바로 너와 운명을 같이 할 사람이다' 라고 하셨습니다. 스승님의 말씀을 가슴에 새기고 자객의 몸으로 이렇게 양 장군을 찾아 뵙게 되었습니다."

"우선 내 목숨을 구해 준 당신에게 감사의 말을 하고 싶소. 당신이 모신 사부님의 말씀이 사실이라면, 우리는 하늘이 정해준 사람들이오."

양 장군은 새삼 심요원의 아름다움과 용기에 감탄했다. 그러나 두 사람이 며칠을 함께 보내는 동안, 군사들을 제대로 돌보지 않아 그들의 기강이 해이해져 갔다.

"저는 이만 스승님이 계신 곳으로 돌아갈까 합니다."

"그게 무슨 말이오? 이미 인연을 맺은 몸인데, 어디로 간다는 게요?"

"장군님께서 오랑캐 무리들을 무찌르고 돌아가실 때쯤 다시 찾아오겠습니다. 그리고 떠나기 전에 일러 둘 말이 있습니다."

양 장군은 심요원이 떠난다는 말에 슬픔이 물밀 듯 밀려 왔다.

"이 구슬은 토번왕의 것이니 사람을 시켜 돌려보내도록 하십시오. 그러면 일이 실패한 줄 알고 당황스러워할 것입니다. 또 한 가지는 앞으로 꼬불대는 지형을 지나가게 될 것인데, 반드시 어려운 일이 생길 것입니다."

"어려운 일이라면……."

"아마 군사들이 마실 물이 없을 것입니다. 하지만 주위를 잘 살펴보시면 우물을 찾을 수 있을 것입니다."

할 말을 마친 심요원은 이내 그 모습을 감추고 말았다.

양 장군은 그녀의 말대로 구슬을 오랑캐의 왕에게 보내고 길을 떠났다. 군사들은 험한 산길을 걷느라 많이 지쳐 있었다.

"잠깐 이 곳에서 휴식을 취하고 물을 마시도록 하라."

군사들은 앞을 다투어 산 밑에 있는 연못을 찾아 벌컥벌컥 물을 마시기 시작했다.

"으웩, 퉤퉤……."

연못의 물을 마시던 군사들은 연달아 마신 물을 토해 냈다. 이미 물을 마셔 버린 병사들 중에는 몸에 이상한 조짐이 나타나는 사람도 있었다.

몸이 마비되어 버리거나, 심지어 목숨을 잃은 군사도 있었다.

'아, 연못의 물빛이 예사롭지 않구나. 이 곳이 심요원이 말한 그 곳이 아닐까?'

양 장군은 서둘러 우물을 파도록 명령을 내렸다. 하지만 물줄기는 솟아나지 않았다.

"장군님, 지금 오랑캐 무리들이 뒤쫓고 있습니다."

돌아갈 길은 막혀 있고 게다가 마실 물은 없으니, 양 장군은 기가 막혔다. 어찌할 줄을 몰라 멍하니 서 있는데, 웬 여자아이 두 명이 장막 안으로 들어섰다.

"장군님을 모시러 왔습니다."

"못 보던 아이들인데, 너희들은 대체 누구냐?"

"저희는 동정호 용왕님의 따님을 모시는 시녀입니다. 용왕을 떠나 있는 아가씨의 심부름으로 이 곳에 왔습니다."

"어허, 나는 물 속에 사는 사람이 아닌데, 어찌 너희들을 따라갈 수 있단 말이냐?"

시녀들은 걱정 말라는 듯이 장막 밖으로 양 장군을 인도했다. 밖에는 날렵해 보이는 말 한 마리가 있었다.

말은 양 장군을 태우고 흐르는 물처럼 달리더니, 어느 새 물 속에 있는 화려한 궁궐에 도착했다.

시녀는 양 장군이 말에서 내리기를 기다려 안으로 모셨다. 궁궐을 지키는 군사들은 머리는 물고기요, 수염은 하나같이 새우 모양이었다.

양 장군이 번쩍이는 황금 의자에 앉아 잠시 기다리고 있으니, 한쪽 문에서 시녀들을 거느린 여인 하나가 들어왔다.

그 여인이 용왕의 따님이라고 시녀가 알려 주었다. 그 아름다움이란 이루 말할 수 없었다.

여인은 양 장군이 있는 곳으로 다가와 예를 갖추어 절을 올렸다.

"평범한 사람에게 이렇게 신경을 써 대접을 해 주시니 몸둘 바를 모르겠습니다."

"우선 편히 앉으십시오. 이제부터 제 얘기를 하겠습니다. 동정호 용왕의 딸인 저는 백능파라고 합니다. 아버님께서 옥황상제를 뵙고 제 운을 점쳐 달라고 하시니, '당신의 딸은 본래 선녀의 몸이었소. 자라서 훌륭한 사람을 만나 행복하게 살다가 다시 하늘나라로 돌아갈 것이오' 이렇게 말씀하셨다 합니다. 어느덧 제가 혼인할 나이가 되자, 남해 용왕의 아들이 청혼을 해 왔습니다. 아버님께서는 이미 옥황상제에게 들은 말이 있는지라 거절을 했습니다. 하지만 남해 용왕의 아들은 계속 사람을 보내와 아버님을 괴롭히셨답니다. 보다 못한 저는 이 곳으로 도망을 와 살게 되었습니다. 하지만 그 아들이 이 곳까지 따라와 짓궂게 구는지라, 하늘에 정성을 모아 기도를 올렸습니다. 하늘이 그 기도를 받아 주셨는지 이 곳의 물은 변하여 얼음물처럼 되고, 사방이 캄캄하여 누구도 쳐들어 올 수 없게 변했답니다. 그러니 그토록 깨끗하던 이 곳의 물도 사람이 마시면 안 되는 독한 물이 되어 버린 것입니다. 하지만 다행히 제가 기다리던 분이 오셨으니, 이제야 시름이 싹 가십니다. 물도 예전처럼 바뀌어 군사들이 마실 수 있을 것입니다. 물론 병든 군사들도 병이 나을 것이고요."

"당신은 하늘이 정해준 사람이 틀림없군요."

용왕의 딸 백능파의 이야기를 다 들은 양 장군은, 그녀와 함께 이야기를 주고받으며 시간을 보냈다.

다음 날 날이 밝자 시녀가 허겁지겁 달려 들어왔다.

"큰일 났습니다. 지금 밖에 남해 용왕의 아들이 성난 모습으로 군사들을 이끌고 와 있습니다. 양 장군님을 찾으며 고래고래 소리를 지르고 있답니다."

"드디어 올 것이 왔도다."

양 장군은 큰일이 아니라는 듯이 물가로 나가 남해 용왕의 아들을 만났다.

"어느 놈이 이렇게 큰 소리로 떠드는 게냐?"

"뭐라고? 어디다 대고 함부로 주둥아리를 놀리고 있느냐? 남의 아내가 될 여인을 함부로 가로채다니……."

드디어 남해 용왕의 아들과 양 장군은 군사들을 이끌고 싸우기 시작했다. 양 장군의 군사들은 물고기 군사들을 닥치는 대로 찌르고 칼로 베었다.

어느 사이 연못 주위는 잘게 부서진 물고기 비늘과 지느러미가 산더미처럼 쌓이기 시작했다. 남해 용왕의 아들은 있는 힘을 다해 버티었으나, 결국 양 장군에게 사로잡히고 말았다.

용왕의 딸 백능파는 양 장군의 군사들을 위해 성대한 음식을 차려 주고 승리를 축하하였다.

양 장군은 밧줄로 꽁꽁 묶여 무릎을 꿇은 채 고개를 떨구고 있는 남해 용왕의 아들을 호되게 꾸짖었다.

"감히 물고기의 몸으로 하늘이 정해 준 인연을 끊으려 하다니, 네 죄를 네가 알렷다. 군사를 몰아 나를 해치려 한 죄는 죽어 마땅하나, 물을 잘 다스려 인간들을 이롭게 하니 이번 한 번만 너그러운 마음으로 용서해 주마. 앞으로는 용왕의 따님을 괴롭히는 일이 없도록 해라."

남해 용왕의 아들은 아무 대꾸도 하지 못하고 그 자리를 서둘러 빠져나갔다.

양 장군과 용왕의 딸이 마음을 놓고 있는 순간, 어디선가 바람이 불어오더니 붉은 옷을 입은 사자가 나타났다.

"승전을 축하드립니다. 동정호의 용왕님께서 두 분을 모시고 오라는 전갈입니다."

"뜻은 고맙습니다만, 그 먼 곳을 싸움을 앞둔 장수가 어찌 간단 말이오?"

"밖에 여덟 마리의 용이 이끄는 수레가 준비되어 있습니다. 시간은 많이 걸리지 않을 것이니 어서 오르시지요."

사자의 말대로 공중으로 날아오른 수레는 순식간에 동정호에 도착하였다.

용궁 밖에 나와 기다리고 있던 용왕은 양 장군과 그 딸을 친히 맞아 주었다. 성대한 잔칫상이 들어오자 용왕은 손수 술을 따라 양 장군에게 주었다.

"나 대신 우리 딸을 흉악한 남해 용왕의 아들로부터 지켜 주어 기쁘기 한량없소. "

용왕은 양 장군을 직접 만난 뒤 그 수려한 외모에 만족했다.

"과분한 말씀입니다."

오랜만에 양 장군은 취하도록 마셨다. 용궁의 뜰에는 아리따운 무희들이 풍악을 울리며 하늘하늘 춤을 추고 있었다.

시간이 흐르고 술기운이 온몸을 휘감으려고 하자, 양 장군은 번쩍 정신이 들었다.

'아, 내가 이러고 있을 때가 아니지. 적군과 싸움을 벌이고 있는 이때, 무슨 놀음에 빠져 있단 말인가?'

양 장군은 몸을 추스려 용왕에게 돌아갈 뜻을 전했다.

"베풀어 주신 잔치는 참으로 즐거웠습니다. 하지만 아직 할 일이 끝나지 않아서 그만 돌아가 봐야겠습니다."

그리고는 용왕의 곁에 앉아 있는 백능파에게 한 마디 건넸다.

"아직은 때가 아니니, 훗날 다시 만나기로 합시다."

양 장군은 용왕과 백능파의 배웅을 받으며 궁궐 밖으로 나왔다. 그의 눈에는 구름 뒤에 숨은 산봉우리가 선명하게 보였다.

"참으로 장엄한 산입니다. 이 산의 이름은 무엇입니까?"

"이 산의 이름은 형산이라고 하네."

왠지 그 산에 마음이 끌린 양 장군은, 용왕의 허락을 얻어 용을 타고 산중턱에 이르렀다. 그 곳에 내려 사방을 둘러보니 고요하고 평화로운 느낌이 들었다.

그 때 어디선가 절에서 치는 종소리가 들려왔다. 양 장군은 종소리를 따라 무작정 걸었다.

한 곳에 이르니 생각했던 대로 절이 있었다. 그 곳에는 높은 경지에 오른 듯한 노승 한 분이 설법을 하고 있었다.

노승은 양 장군의 출현을 눈치 챘는지 그가 있는 곳으로 다가왔다.

"나무아미타불, 모두가 부처님의 공이로다. 하지만 아직은 때가 아니니 좀더 기다려야 하오."

노승은 뜻모를 소리를 중얼거리며 합장을 했다. 양 장군이 불전에 나아가 향을 피우고 계단을 내려서려는 찰나였다.

발을 헛디디는 바람에 양 장군은 그만 넘어져 악 소리를 질렀다. 놀라 일어나 보니 꿈이었다.

'아니, 내가 이제까지 꿈을 꾼 모양이구나.'

꿈이 너무도 생생하여 혹시나 하고 여러 장수들에게 물어보았다.

"혹시 꿈을 꾼 사람이 있소?"

"예, 조금 전에 모여 이야기를 나누었습니다만, 모두들 같은 꿈을 꾸었다 합니다."

신기하게 여긴 양 장군은 병사들을 이끌고 서둘러 연못으로 가 보았다. 그 곳에는 꿈에서처럼 비늘더미와 깨진 껍질이 산더미처럼 쌓여 있었다.

'꿈의 일이 사실이라면 이제 이 물을 마셔도 될 것이다.'

며칠 전까지만 해도 독물이었던 연못의 물을 양 장군은 벌컥벌컥 들이켰다. 숨을 죽이고 있던 병사들은, 양 장군에게 아무런 이상이 없자 너도나도 물을 마셨다.

물을 마신 뒤 몹쓸 병이 들었던 병사들도 씻은 듯이 몸이 나았다. 이 소문을 들은 오랑캐 무리들은 양 장군을 두려워하며 스스로 항복을 해왔다.

연이은 승전 소식은 황제의 귀에까지 들어가게 되었다.

"참으로 장하도다. 양 장군이야말로 이 나라를 살린 인물이로다. 싸움을 끝내고 돌아오는 대로 승상의 벼슬을 내리겠다. 하지만 아직 공주와의 혼사 문제가 마음에 걸리기는 한데…… 다시 고집을 부린다고 해도 공이 큰 신하를 벌줄 수는 없는 노릇이고……."

옆에서 이를 지켜보던 황태후는 결단을 내렸다.

"그리 해서는 아니되오. 양 장군이 서울로 돌아온 뒤에도 필시 정 사도의 딸과 인연을 끊지 못할 것이 분명하오. 양 장군이 서울에 없는 틈을 타서 정 사도의 딸을 다른 곳으로 혼인을 시키도록 명을 내리시오."

어머니의 단호한 말에 황제는 결단을 내리지 못하고 슬그머니 자리를 피했다. 이제까지 아무런 말도 하지 못하고 자리를 지키고 있던 난양 공주가 기겁을 하고 말렸다.

"안 됩니다. 저 혼자 편하자고 다른 사람의 마음을 다치게 합니까? 그렇게 하는 것은 제가 원치 않습니다."

"나도 마음이 편치는 않다만 할 수 없는 일이지 않니? 너와 양 장군은 하늘이 맺어 준 연분이야. 지난 번에 너와 양 장군이 옥퉁소를 함께 불었을 때, 학 한 쌍이 날아와 춤을 춘 일을 너도 기억하고 있지 않니? 하지만 양 장군이 정 사도의 딸과 한 약혼을 없던 일로 하라는 궁궐의 명을 어기고 저렇게 고집을 부리고 있으니, 달리 어찌할 방도가 없지 않느냐?"

"어마 마마, 무릇 왕족은 부인을 셋까지 둘 수 있지 않습니까? 양 장군이 돌아오면 다시금 큰 벼슬을 하게 될 것입니다. 그러면 저와 정 사도의 딸을 부인으로 맞아들이면 되지 않겠습니까?"

난양 공주의 의견을 들은 황태후는 딸의 말을 가로막았다.

"무슨 소리냐? 너는 공주의 몸이고, 정 사도의 딸은 평범한 여인이거늘 어찌 같은 위치에 두고 말을 한단 말이냐?"

"어마 마마, 그렇지 않습니다. 신분이 무엇이 그리 중요합니까? 사람됨이 어질고 착하다면, 무슨 흉이 될 수가 있겠습니까? 들리는 소문에 의하면 정 사도의 따님은 용모가 뛰어나고 몸가짐이 바르다고 합니다. 제가 직접 본 바는 아니므로 기회가 되는 대로 그 여인을 만나볼 작정입니다. 만약 소문이 사실이라면 형님으로 모셔도 되지만, 그렇지 않을 경우에는 첩으로 삼더라도 개의치 않겠습니다."

침착하게 이야기하는 공주를 바라보는 황태후의 얼굴이 그제서야 환해졌다.

"어쩜 너는 그리도 어진 마음을 가졌느냐? 비록 내 딸이지만 남을 시기하지 않고 바르게 보려는 그 마음이 참으로 곱구나."

황태후도 공주의 말대로 정 사도의 딸을 만나보기로 했다. 하지만 그들은 정 사도의 딸 경패 아씨가 바깥 출입을 일체 하지 않는다는 말을 듣고 난감해했다.

황태후는 사람을 시켜 경패 아씨가 어느 때나 집 밖으로 나오는지 알아보게 하였다. 며칠 뒤 정 사도 딸의 뒤를 밟은 하인은 편지 한 통을 들고 들어 왔다.

"이 편지는 경패 아씨의 심부름을 온 가춘운이라는 여인이 절의 불상 앞에 놓아둔 것이라 합니다."

편지를 받아든 황태후는 글을 읽어 내려갔다.

부처님께 아뢰옵니다. 소녀는 여자의 몸으로 훌륭하신 분을 만나 혼인을 약속하게 되었습니다. 그런데 황제께서 그 분을 부마로 선택하시게 되어, 혼사가 어긋나게 될 지경에 이르렀습니다. 모든 것을 제 운명이라 생각하고 평생 부모님을 모시다가, 그 분들이 돌아가시면 절로 들어가 중이 되려고 합니다. 또한 저에게는 가춘운이라는 친구 같은 시녀가 있습니다. 그녀도 저와 함께 평생을 같이할 생각이니, 부디 저희에게 자비를 베푸소서. 바라건대 이 다음 세상에 태어날 때에는 사내 대장부의 몸으로 탄생하게 하소서.

난양 공주는 황태후가 내민 편지를 읽고 나서 한숨을 내쉬었다.

"아, 얼마나 어렵고 힘들었으면 다음 세상에는 여자로 태어나지 말았으면 하는 글을 썼을까?"

그즈음 정 사도의 집은 겉으로는 웃음소리가 들렸지만, 속으로는 근심이 가득했다.

'내가 어두운 표정을 지으면 어머니께서도 슬퍼하실 게 분명하다. 조금 힘들더라도 항상 웃는 얼굴로 대해 드려야지.'

경패 아씨는 어머니를 즐겁게 해 드리기 위한 여러 가지 일들을 생각하곤 했다. 춘운도 경패 아씨와 같은 생각이었다.

하루는 문 밖에 한 아이가 수놓은 비단을 팔러 왔다.

"안 사셔도 좋으니 구경만이라도 하세요."

춘운은 수놓은 솜씨를 구경도 할 겸 비단을 펼쳐 보았다. 나무 사이에서 노는 새를 보고 수를 놓은 것인데, 그 솜씨가 보통이 넘었다.

"대단한 솜씨로구나. 여기서 잠시만 기다리고 있어라."

춘운은 한걸음에 마님이 계신 곳으로 가 비단을 보여 드렸다.

"오, 이것은 사람의 솜씨가 아닌 것 같구나. 이것을 팔러 온 아이를 들어 오라고 일러라."

"예, 마님."

그 사이에 경패 아씨도 어머님이 계신 곳을 찾아와 수놓은 비단을 보게 되었다. 곧 대문 밖에서 기다리고 있던 여자아이가 들어왔다.

"누가 이 수를 놓았느냐?"

"우리 아씨가 직접 수놓은 것입니다. 아씨는 몸이 좋지 않아 가족들을 따라가지 못하고, 이 곳에 작은 집을 얻어 살고 있답니다. 그래서 소일거리로 수를 놓아 팔기도 한답니다."

마님은 후하게 비단 값을 치르고, 대청마루에 잘 보이도록 그것을 걸어 두었다.

그 뒤로 그 아이는 정 사도 댁을 가끔 드나들곤 했다. 날이 갈수록 경패 아씨는 수를 놓았다는 그 여인이 궁금해졌다.

"춘운아, 사람을 시켜 저 아이의 뒤를 쫓게 해라."

심부름을 하고 돌아온 시녀는 춘운에게 본 대로 이야기했다.

"이씨 성을 가졌다는 그 집 아가씨의 모습은 경패 아씨만큼 아름다웠어요."

"네가 뭘 잘못 본 모양이구나. 장안에 우리 아씨보다 아름다운 여인은 들은 적도, 본 적도 없단다."

시녀의 말을 믿지 못한 춘운은 또다른 시녀를 시켜 알아보게 했다.

"그 집 아가씨는 눈부시게 아름다워 마치 선녀를 본 듯했어요."

이번에도 시녀가 같은 말을 했지만, 춘운은 그냥 웃어넘겼다.

그로부터 며칠이 지난 어느 날이었다. 수놓은 비단을 팔러 왔던 아이가 소식을 전해 왔다.

"우리 집 아가씨에게 경패 아씨의 이야기를 전했더니, 꼭 한 번 만나보고 싶다고 하십니다. 어려운 일이지만 아씨에게 한 번 청해 보라고 하셨습니다."

"그렇지 않아도 나도 한 번 만나 보고 싶었다. 그런데 내가 집 밖으로 나가지 않으니, 너희 집 아가씨를 이곳으로 초대하고 싶구나."

곧 이씨 아가씨가 정 사도 댁을 찾아왔다.

경패 아씨의 방에서 만난 두 사람은 서로의 모습을 보고 몹시 놀라워 하는 눈치였다.

두 여인의 인물이 너무도 훌륭하여 마치 선녀 두 명이 인간 세상에 놀러 온 듯했다.

"제가 찾아뵙지 못하고 이 곳까지 오시라고 해서 죄송합니다. 그 동 안 수놓은 작품을 보면서 꼭 한 번 뵙고 싶었습니다."

"어머님만을 모시고 혼자 살아온 탓에 배운 것이 많지 않습니다. 사 내 대장부야 친구들과 어울려 뜻을 세우고 서로 배우기도 하지만, 여 자들이야 문밖을 나가기가 어려우니 답답할 따름입니다. 아가씨의 소 문은 익히 들어 알고 있습니다만, 오늘 이렇게 모습을 뵈니 소문이 거짓은 아닌 것 같군요."

"과분한 칭찬이십니다. 아씨야말로 뛰어난 외모와 인품을 지니신 것 같군요."

그 때 가춘운이 과일과 차를 들고 들어왔다.

'아, 저 사람이 경패 아씨와 친구처럼 지낸다는 시녀로구나. 듣던 대 로 참으로 아름답다. 두 여인이 이처럼 아름답고 훌륭한데, 어찌 양 장군이 그들을 버릴 수가 있겠는가?'

두 여인은 이야기를 나누느라 시간 가는 줄 몰랐다. 땅거미가 지기 시작하자 이씨 아가씨는 자리에서 일어섰다.

"이만 가 봐야 할 것 같습니다. 오늘 무척 즐거웠습니다. 기회가 된다 면 저희 집으로 한 번 초대하고 싶습니다."

이씨 아가씨가 돌아가고 난 뒤 경패 아씨는 춘운과 마주 앉았다.

"저렇게 아름다운 아가씨의 소문을 왜 진작 듣지 못했을까?"

"혹시 화주 땅의 진채봉이 아닐까요?"

"설마…… 그녀는 궁녀가 되었다고 하던데."

경패 아씨의 이야기를 들은 최씨 부인은 며칠 후에 다시 이씨 아가씨를 초청했다.

"참으로 예의 바르고 아름답구나."

"앞으로 어머니처럼 생각하고 모시겠습니다."

그들은 서로 이야기꽃을 피우며 마치 모녀 사이처럼 지냈다. 이 모습을 흐뭇하게 바라보고 있던 경패 아씨는 문득 머릿속에 떠오르는 생각이 있었다.

'혹시 이씨 아가씨는 난양 공주님이 아닐까? 공주님의 아름다움은 그 누구와도 견줄 수 없다고 하던데…….'

하지만 짐작한 바를 확인할 길이 없었다.

며칠 뒤, 이씨 아가씨가 다시 정 사도 댁을 찾아왔다.

"저는 내일이면 이 곳을 떠나 어머니와 오라버니가 있는 곳으로 갑니다. 떠나기 전에 부탁 드릴 일이 있습니다. 그 동안 어머님을 위해 수를 놓은 비단이 있는데, 그 곳에 시 한 수를 적어 주셨으면 합니다."

"이렇게 갑자기 떠난다고 하니 어찌할 바를 모르겠습니다."

경패 아씨는 어머님을 찾아 이 사실을 말씀드렸다.

"그 동안 네가 바깥 출입을 하지 않았으나, 부모님께 드리는 선물에 글을 써넣는 일이라고 하니 다녀오너라."

두 여인을 태운 가마가 이씨 아가씨의 집에 도착하였다. 경패 아씨는 안으로 들어가 집 안을 둘러보았다.

'화려하지는 않지만 살림이 깔끔하고 잘 정돈되어 있구나.'

그 때였다. 경패 아씨를 따라온 시녀가 다급히 불렀다.

"아가씨, 지금 밖에 웬 군사의 무리가 당도했습니다."

흠칫 놀라는 경패 아씨의 모습을 본 이씨 아가씨는 차분히 일러 주었

다.

"놀라지 마십시오. 이제야 밝힙니다만, 저는 이 나라 황제의 여동생인 난양 공주입니다. 황태후께서 아가씨를 보고자 하여 군사를 보낸 것입니다."

경패 아씨는 그 자리에 무릎을 꿇고 용서를 빌었다.

"그 동안 몰라 뵙고 무례하게 행동을 했습니다. 꾸짖어 주십시오."

밖에서 기다리고 있던 군사가 들어와 궁궐로 들어가야 할 시간이 됐음을 알렸다.

"그만 자리에서 일어나시오. 그리고 나와 함께 황태후 마마를 뵈러 갑시다."

경패 아씨는 시녀를 집으로 보내 이 사실을 알리라고 이르고, 난양 공주와 함께 궁궐로 향했다.

황태후는 경패 아씨를 직접 보니, 듣던 대로 용모가 출중하여 마음이 흡족했다.

"내 너를 직접 보니 그 동안의 일이 후회스럽구나. 공주와 경패는 함께 양 장군의 부인이 되는 것이 좋겠다."

"아니옵니다. 어찌 신하의 딸인 제가 공주님과 나란히 양 장군의 부인의 자리에 오를 수 있단 말입니까?"

"네가 그리 하는 것이 불편하다면, 내 너를 양녀로 삼을 것이다. 그러면 난양 공주와 같은 위치에 서게 될 것이니라."

경패 아씨는 공주가 된다는 말에 눈이 휘둥그레졌다. 몇 번이나 거절했지만 황태후는 이미 결정된 일이라며 미소를 지었다.

난양 공주는 황태후에게 감사의 인사를 올리고, 경패 아씨와 서로 시를 지으며 즐거움을 나누었다.

황태후를 보러 온 황제는 소식을 전해 듣고 몹시 기뻐하며 허락을 했다. 황제는 경패 아씨의 이름을 영양 공주라 정한 뒤, 공주의 의복을 내려 주었다.

"저는 영양 공주보다 나이도 아래고 하니 동생이 되겠군요."

두 공주는 사이좋게 자매가 되었다.

며칠 후, 황제는 황태후에게 넌지시 부탁의 말을 했다.

"난양 공주를 모시는 궁녀 중에 진채봉이라는 아이가 있습니다. 이 참에 채봉이를 두 공주와 함께 양 장군에게 시집보내려고 합니다. 일전에 들으니 양 장군과는 시로써 서로 언약을 한 사이라고 합니다."

황태후는 곧 채봉을 들어오라고 한 뒤 당부를 했다.

"이제 공주가 곧 혼사를 치를 테니, 너도 함께 따라가 양 장군을 모시도록 해라."

진채봉은 뜻하지 않은 일에, 다만 엎드려 감사의 절을 올릴 따름이었다.

일이 이렇게 물 흐르듯 진행되자, 난양 공주는 황태후에게 가춘운의 이야기를 꺼내며 그녀도 함께 양 장군의 곁에 둘 것을 청했다.

황태후는 난양 공주의 청을 받아들여, 영양 공주의 부모님과 함께 가춘운을 궁궐로 불러 들였다.

돌아온 양소유

정 사도 부부는 궁궐로 들어오라는 전갈을 받고 서둘러 입궐했다.

"정 사도는 들어라. 과인이 그대의 딸을 양녀로 삼아 영양 공주로 정했다. 난양 공주의 언니가 되어 서로 자매 사이가 되었다. 이제 왕족이 되었으니 당연히 성도 바꾸어야 하지만, 그대의 무남독녀라 성은 바꾸지 않았다."

"그 동안 혼인 문제로 고심을 했는데, 난양 공주께서 저희 집을 찾아와 제 딸을 살펴보시고 이렇게 공주로 삼아 주시니 가문의 큰 영광이 아닐 수 없습니다."

정 사도 부부는 감격하여 눈물을 흘리며, 허리를 조아려 감사의 절을 올렸다.

황태후는 곧이어 정 사도 부부를 따라온 가춘운을 들라 일렀다. 앞으로 불려 나온 춘운을 본 황태후는 고개를 끄덕였다.

"듣던 대로 외모가 수려하구나. 게다가 글짓는 솜씨도 뛰어나다고 하던데……."

"과찬의 말씀이옵니다."

흡족해하는 황태후를 지켜 본 난양 공주는, 춘운과 진채봉을 한 자리에 불러 놓고 소개를 시켜 주었다.

"서로 인사하도록 해요. 이쪽은 진채봉으로, 앞으로 가춘운과 함께 지낼 사람이오."

"아, 당신이 진채봉이로군요. 언젠가 이름을 들은 적이 있습니다."

"저는 초면인데 어디서 제 이름을 들었습니까?"

"양 장군님을 모실 때 간혹 아가씨의 이야기를 꺼내시곤 했습니다."

자신을 잊지 않았다는 말을 들은 진채봉은 기쁨의 눈물을 흘렸다.

여인들이 서로 이야기를 하고 있는 사이, 황태후가 다시 두 공주를 불렀다. 최씨 부인이 있는 자리에서 황태후가 묘한 웃음을 띠었다.

"곧 양 장군이 돌아올 것이오. 이참에 내가 그를 한번 속여 보겠소."

"그게 무슨 말씀입니까?"

"돌이켜 보니 양 장군은 우리의 청혼을 여러 번 거절하였소. 이번에 그가 돌아오면 경패가 갑자기 죽었다고 말하시오. 혼인식 날 그가 경패를 알아보는지 시험해 보도록 합시다."

모두들 그렇게 하기로 약속을 하고 최씨 부인이 집으로 돌아가려고 하자, 영양 공주가 배웅을 나왔다.

영양 공주는 가춘운에게 귓속말을 했다.

"이번에도 양 장군이 눈치 채지 않도록 잘해야 한다."

"나중에 양 장군이 아시게 되면 뵐 낯이 없을 텐데……."

"걱정하지 말아라. 이 일은 황태후께서 지시하신 일이다."

그제야 가춘운은 얼굴에 미소를 지었다.

그즈음 양 장군은 군사들의 사기를 북돋우며 결전의 날만을 기다리고 있었다. 오랑캐의 왕은 심요연의 구슬을 돌려받고 사시나무 떨듯 했다.

오랑캐의 여러 장수들은 더 이상 이기지 못할 싸움이라는 것을 눈치 채고, 양 장군에게 항복했다.

승전의 기쁨을 안고 다시 찾은 성으로 들어간 양 장군은 군사들에게 엄한 명령을 내렸다.

"백성들을 괴롭혀 재물을 뜯어내는 자는 엄벌에 처할 것이다."

성 안의 질서를 바로 잡은 양 장군은 서울을 향해 출발했다. 진주 땅에 도착한 그들은 천막을 치고 그날 밤을 머물렀다.

계절은 가을철이라 외로움이 더욱 뼈에 사무쳤다.

'아, 회음 땅을 떠나온 지도 벌써 삼 년이 다 돼 가는구나. 어머님은 어떻게 지내고 계실까? 전쟁에 나가 공은 세웠지만, 한 분 계신 어머님을 제대로 모시지 못하고, 게다가 혼인도 하지 못하고 있으니…… 이번에 서울로 돌아가면 황제에게 아뢰어 경패 아씨와의 혼인을 서둘러야겠다.'

복잡한 생각에 젖어 있던 양 장군은 깊은 잠 속에 빠져 들었다. 꿈속에서 몸이 하늘로 날아오르더니, 오색찬란한 궁궐 앞에 이르렀다.

시녀들의 안내로 궁 안에 들어서니, 옥으로 만든 의자에 세 사람의 선녀가 앉아 있었다. 화려한 옷차림의 선녀들은 양 장군의 모습을 발견하고 인사를 올렸다.

"몸 건강히 지내셨는지요?"

말을 건네오는 여인을 살펴보니 낯이 익었다.

'낯이 익은데…… 맞아, 정 사도의 따님이 틀림없어.'

양 장군이 반가워 소리쳐 부르려고 하는 순간이었다.

"이제 저는 이승의 사람이 아닙니다. 지나간 일을 생각하니 목이 메는군요."

경패 아씨에게 무언가 물어보려는데, 어디선가 북소리가 들려왔다. 벌떡 일어나 보니 꿈을 꾼 것이었다.

"경패 아씨에게 무슨 일이 일어난 게 틀림없어."

양 장군은 무거운 마음으로 군사들을 이끌고 서울로 향했다. 서울에 도착하니 황제께서 몸소 성문 입구에까지 나와 계셨다.

위풍당당하게 돌아오는 양 장군을 본 황제는 노고를 칭찬하였다. 황제는 곧 양 장군에게 승상의 벼슬을 내리고 위국공에 봉했다.

피곤에 지친 군사들을 위로하기 위해 궁에서는 성대한 잔치를 베풀었다. 양 승상은 황제에게 물러갈 것을 아뢰고 정 사도의 집으로 향했다.

문 앞에는 정십삼이 마중을 나와 있었다.

"어서 오게. 그 동안 고생이 많았네."

그에게서 평소와 다른 느낌을 받은 양 승상은 혹시나 하는 마음으로 물었다.

"장인 어른은 어디 가셨나?"

"사실은 그 동안 일이 좀 있었다네."

"일이라니? 어서 속시원히 말 좀 해 보게."

양 승상은 정십삼을 다그쳤다.

"경패가 세상을 떠났다네. 그 충격으로 인하여 숙부님 내외가 몸져 누우셨다네."

"아니, 지금 무슨 소리를 하는 건가? 경패 아씨가 죽다니……."

"물론 자네의 심정을 모르는 바는 아니네. 하지만 숙부님을 뵙고 그런 내색은 하지 말게나."

안으로 들어간 양 승상은 정 사도 내외를 뵙고 절을 올렸다. 정 사도는 오랑캐 무리를 무찌르고 돌아온 그에게 축하의 말을 했다.

"너무나 황당한 일입니다. 따님이 갑자기 세상을 뜨다니요? 장인 장모님 앞에서 슬픈 빛을 보이지 않으려 했지만, 너무나 원통합니다."

"알고 있네. 하지만 일이 이렇게 되어 버렸으니 어쩐단 말인가?"

정 사도는 더 이상 딸의 이야기를 하지 않은 채 입을 다물어 버렸다. 그 앞에 있는 것이 너무도 죄송스러워 양 승상은 별채로 건너갔다.

가춘운은 그 곳에서 양 승상이 오기만을 기다리고 있었다.

"진정하세요. 돌아가신 아씨가 이런 모습을 보시면 슬퍼하실 겁니다. 아씨는 돌아가시면서 저에게 당부하셨습니다. 이미 아씨와의 약혼이 없었던 일이 되었으니, 부디 빨리 잊고 황제께서 권하시는 부마가 되시라고 말입니다. 또, 슬픔에 젖어 아씨의 무덤가를 맴도는 일은 하지 말 것이며, 옛일을 회상하시지 말라고 일렀습니다."

"죽으면서까지 내 생각을 했구나. 그 외에 더 남긴 말은 없느냐?"

"한 가지 더 있습니다만……."

"어서 말해 보거라."

"아씨는 양 승상에게 저를 부탁하셨습니다."

"그 일이라면 걱정하지 않아도 된다. 너와의 인연이 있는데, 어찌 너를 버리겠느냐?"

다음 날, 날이 밝자 황제는 양 승상을 불렀다.

"과인은 한 동안 혼인 문제로 마음이 상한 적이 있었다. 이제 크게 문제 될 것이 없으니, 공주와의 혼인을 서두르는 게 어떤가?"

"미천한 저를 이렇게까지 생각해 주시니 몸둘 바를 모르겠습니다. 황제 폐하의 명을 따르도록 하겠습니다."

황제가 신하를 시켜 혼인 날짜를 잡으니 9월 15일이었다.

"이제서야 말하지만 사실은 내게 두 누이동생이 있다네. 두 공주 모두 인물과 재주가 뛰어나, 그대에게 누구를 시집 보내야 할지 모르겠네. 양 승상 같은 인물이 흔치 않으니, 이참에 두 누이동생을 함께 그대와 혼인 시키기로 했다네."

"한 명의 공주님으로도 영광스러운데, 두 공주님을 아내로 맞이하라시니……."

"그대는 이 나라의 일등 공신의 자리에 있으니 문제 될 것이 없네. 게다가 두 공주는 이제까지 서로 떨어져 살아본 적이 없었네. 황태후 마마의 뜻이기도 하니 거절하지 말게. 또, 공주를 모시고 있던 궁녀 진씨를 함께 보내니 그리 알게."

양 승상은 더 이상 거절하지 못하고 궁궐을 물러 나왔다.

혼인날이 점점 다가오자 영양 공주는 난양 공주와 함께 황태후를 찾았다.

"드릴 말씀이 있습니다."

영양 공주는 황태후를 향해 말을 꺼냈다.

"제 청을 들어 주십시오. 제가 난양 공주의 언니가 된 것은 황태후 마마의 명 때문이었습니다. 이제 혼인 날짜도 다가오는데, 부디 난양 공주가 제1부인이 되도록 해 주십시오."

"그렇지 않습니다. 지금 제 언니가 된 이상 당연히 영양 공주가 제1부인이 되어야 할 것입니다."

황태후는 서로 제1부인이 될 것을 권하는 두 공주를 보고 어찌 할 바를 몰라 황제를 찾았다.

"일이 이렇게 됐으니 어찌 하면 좋겠소?"

"참으로 갸륵한 일입니다. 두 공주가 서로 시기하지 않고 저렇게 잘 지내고 있으니 말입니다."

황제는 난양 공주의 말대로 언니 영양 공주를 제1부인으로, 난양 공주를 제2부인으로 삼았다. 진채봉은 양반의 딸이므로 숙부인으로 삼았다.

마침내 혼인날이 되어 두 공주와 양 승상은 궁궐에서 혼례를 올렸다. 숙부인 진채봉도 인사를 올리고 두 공주 곁에 서 있었다.

첫날밤을 영양 공주의 방에서 보낸 양 승상은 날이 밝자 황태후를 찾아 뵈었다. 궁궐에서는 잔치를 열어 축하해 주었다.

이틀째 밤, 난양 공주의 침실에서 밤을 보낸 양 승상은 사흘째 되는 날 숙부인의 방에 들었다.

숙부인 진채봉은 양 승상을 보자 감격한 나머지 기쁨의 눈물을 흘렸다.

"승상 어른은 벌써 저를 잊으셨습니까?"

숙부인의 얼굴을 자세히 들여다본 양 승상은 그제야 무릎을 탁 쳤다.

"그대는 회음 땅의 채봉 아씨가 아니오? 죽은 줄로만 알았는데, 이게 도대체 어찌 된 일이오?"

진채봉은 그 동안의 일과 궁 안에 들어와서 비단부채에 글을 써넣었던 일 등을 자세히 이야기했다.

"아, 그렇게 되었구려. 그런데 안타까운 일은 그대가 부인의 자리가 아닌 숙부인의 자리에 오른 것이오."

"저는 승상 어른을 다시 만나 이렇게 자리를 같이 하는 것만으로도 행복합니다."

다음 날 양 승상은 세 여인과 자리를 함께하며 술잔을 나누었다.

'술기운인가? 영양 공주의 모습과 목소리가 경패 아씨와 흡사한 것 같구나.'

수심에 젖은 양 승상을 본 영양 공주는 의아한 마음으로 물었다.

"무슨 일이 있습니까? 얼굴빛이 좋지 않으십니다."

"흥을 깨서 미안하오. 부인 얼굴이 정 사도의 따님과 너무도 비슷하여 잠시 딴생각을 했소."

그러자 영양 공주는 갑자기 그 자리에서 벌떡 일어나 밖으로 나가 버렸다. 시간이 흐른 뒤에도 영양 공주의 모습이 보이지 않자, 진채봉이 데리러 나갔다.

진채봉이 돌아와 아뢰었다.

"몹시 화가 나 계셔서 모셔 올 수가 없습니다."

"전하는 말은 없었소?"

"있기는 합니다만……."

양 승상은 괜찮으니 어서 말하라고 재촉했다.

"태후 마마의 딸인 영양 공주와 평범한 정 사도의 딸을 비교함이 말도 안 되는 일이라 하셨나이다. 그리고는 앞으로 다시 양 승상을 모시지 않을 테니, 난양 공주와 같이 사시라고 했습니다."

양 승상은 영양 공주의 무례함에 몹시 기분이 상했다.

'내가 무얼 그렇게 잘못했단 말인가? 성격이 저렇게 불 같은 줄은 내 몰랐구나.'

난양 공주가 당황해하며 한 마디 거들었다.

"잠시 기다리십시오. 제가 가서 언니를 달래 보겠습니다."

하지만 날이 저물도록 난양 공주도 돌아오지 않았다. 잠시 후, 한 시녀가 들어와 양 승상에게 전했다.

"난양 공주님께서도 언니인 영양 공주가 오지 않으니, 언니 곁에 있 겠다고 하셨습니다. 오늘 밤은 진 숙인의 방으로 드시라 합니다."

하지만 진채봉마저 양 승상의 이부자리를 봐 준 뒤 나가 버렸다.

"두 부인이 없는데 어찌 제가 이 곳에 있겠습니까? 저도 그만 물러가 겠습니다."

혼자 남은 양 승상은 하릴없이 뜰을 거닐다가 영양 공주의 방 쪽으로 발길을 돌렸다. 불빛이 바깥으로 새어나왔다.

수상히 여긴 양 승상은 몰래 창문 틈을 엿보았다. 방 안에는 두 부인 과 진채봉, 그리고 가춘운이 앉아 윷놀이를 하고 있었다.

'아니, 춘운이 이 곳에 어떻게 들어왔을까?'

네 명의 여인들은 재미난 이야기를 하며 웃곤 했다.

"아가씨, 진 숙인에게 귀신이 되어 양 승상을 속인 일을 말했나요?"

가춘운은 진 숙인이 양 승상을 속인 일을 이야기해 달라고 하자, 영 양 공주를 바라보며 물었다.

"자네는 아직도 영양 공주님을 아가씨라고 부르고 있나? 대승상의 부 인이신 분을 감히 그렇게 부른단 말이냐?"

진 숙인은 가춘운의 조심성 없는 말투를 엄하게 꾸짖었다.

"어머, 제가 잘못했습니다. 십 년 동안 아가씨라 불러왔으니, 습관처 럼 튀어나와 버렸군요."

창문 밖에 있던 양 승상은 그제야 영양 공주가 경패 아씨인 것을 알 수 있었다.

'후후, 일이 그렇게 된 것이로군. 그럼, 나도 저들을 속이도록 해야겠 다.'

진 숙인의 방으로 돌아온 양 승상은 그날 밤 편히 잠들었다. 이튿날, 방으로 돌아온 진 숙인은 양 승상이 아직도 누워 있는 것을 보고 이상한 생각이 들었다.

살며시 머리를 짚어 본 숙인 채봉은 어딘가 아파 보이는 양 승상을 흔들어 깨웠다. 하지만 그는 진 숙인을 몰라보고 헛소리만 해 댔다.

서둘러 두 부인은 양 승상이 있는 곳으로 향했다.

"꿈에 경패 아씨가 나를 찾아왔소. 이제 내 목숨도 다한 것 같소."

"어찌 그런 말씀을 하십니까? 정신을 차려 보십시오."

난양 공주는 쩔쩔 매며 어쩔 줄을 몰라했다.

"안 되겠습니다. 언니가 어서 나서야 되겠습니다."

"여기 정경패가 왔습니다. 저는 양 승상께서 전쟁에 나가 계신 동안, 황태후 마마의 은총을 입어 영양 공주가 되었습니다."

"아니, 그게 무슨 말도 안 되는 소리요? 혹시라도 그 말이 맞다면 가춘운을 불러 오시오."

위독한 양 승상의 소원대로 가춘운이 들어오자, 나머지 사람들은 밖으로 나왔다. 잠시 후 의관을 차려입은 양 승상은 다시 여인들을 불렀다.

승상의 병이 꾀병이었다는 것을 눈치 챈 영양 공주는 빙그레 웃었다.

"황태후께서 꾸미신 일입니다. 너무 노여워 마십시오."

"하하하, 그대들이 서로 시기하지 않고 자매나 다름없이 지내는 것이 참으로 보기 좋소."

부처님 곁으로 돌아온 성진

양 승상은 행복한 나날을 보내면서도 항상 마음 한구석이 허전했다.

'더 이상 미루어서는 안 되겠다. 황제께 아뢰고, 어서 어머님을 모셔 오도록 해야겠다.'

황제는 쾌히 승낙을 해 주었다. 양 승상은 황제와 황태후가 내리신

패물을 가지고 고향으로 떠났다.

낙양성을 지날 때쯤 낯익은 두 여인이 있었는데, 바로 계섬월과 적경홍이었다.

"승상 어른이 이 곳을 지난다고 고을 원님이 알려 주셨습니다. 이렇게 훌륭한 모습을 뵈니 참으로 기쁩니다."

세 사람은 즐겁게 이야기를 나누고 아쉬운 마음을 뒤로 한 채 훗날을 기약했다.

마침내 고향 땅을 밟은 양 승상은 그리운 어머니를 만났다. 유씨 부인은 아들이 뛰어 들어오는 모양을 보고 너무 놀라 그 자리에 그만 털썩 주저앉고 말았다.

"아, 네가 내 아들이 틀림없단 말이냐? 이렇게 훌륭한 사람이 되어 찾아오다니, 마치 꿈을 꾸고 있는 것 같구나."

"어머니, 제가 아들 소유가 맞습니다."

어머니와 양 승상은 서로 부둥켜 안고 눈물을 흘렸다.

마을에서 성대한 잔치를 베풀고 여러 날을 묵은 양 승상은, 어머니를 모시고 서울로 향했다. 가는 도중 다시 계섬월과 적경홍을 찾았으나, 그들은 벌써 서울로 떠나고 없었다. 서울에 도착한 양 승상은 황제를 뵙고 인사를 올렸다. 황제는 아름다운 궁전을 지어 양 승상에게 살도록 했다. 어머니 대부인은 새 궁궐에서 며느리들의 인사를 받고 감격해 마지않았다. 황제께서 베풀어 주신 잔치가 한창 무르익을 무렵이었다.

"밖에 두 여인이 승상 어른을 뵙고자 합니다."

그들은 다름 아닌 계섬월과 적경홍이었다. 양 승상은 그간의 일을 여인들에게 이야기하고, 그들을 맞아들였다.

대부인과 여러 며느리들은 새 궁궐에 각자의 처소를 정해 살면서, 행복한 나날을 보내고 있었다.

그러던 어느 날, 월왕이 꽃놀이를 가자고 승상에게 사람을 보냈다.

'월왕은 미인들과 풍악을 좋아한다지. 이번 나들이에도 필시 무슨 사연이 있는 게 틀림없어. 그렇다면 가무에 능한 계섬월과 적경홍을 데리고 가야겠다.'

들판에 장막을 치고 월왕과 양 승상은 사냥을 즐겼다. 준비해 온 점심을 먹은 그들은 데리고 온 궁녀들의 공연을 구경했다.

"저 여인의 이름은 무엇이오?"

월왕이 궁녀 중에 가장 빼어난 미모를 가진 여인을 가리켰다.

"무창 땅에서 온 만연옥이라 합니다."

궁녀들의 묘기 자랑이 무르익을 때였다.

"승상 어른, 웬 여인 둘이 어르신을 뵙고자 합니다."

고개를 돌려 여인들을 보니, 그들은 자객 심요원과 동정호 용왕의 딸 백능파였다. 양 승상은 반가운 나머지 월왕에게도 그들을 소개해 주었다.

"허, 참으로 아름답구나. 재주가 많아 보이는데 보여줄 수 있느냐?"

"검무를 조금 할 줄 압니다."

심요원의 아슬아슬한 칼춤에 모두들 감탄했다. 그러자 이번에는 백능파가 나섰다.

"저는 이 자리의 흥을 돋우고자 비파 연주를 해 보겠습니다."

맑은 물소리 같은 비파 소리는 그 자리에 모인 사람들의 가슴을 저미게 만들었다.

해가 저물자 나들이를 마치고 궁으로 돌아온 요원과 능파는 양 승상의 부인과 여러 여인들에게 인사를 올렸다.

"어서 오시오. 이야기는 차차 하기로 하고, 우선 피곤한 몸을 쉬도록 하시오."

영양 공주는 두 여인을 반갑게 맞아 주었다.

그 후로 세월은 물 흐르듯이 흘러 양 승상에게도 어느 덧 여덟 명의 자식이 생겼다. 그러는 사이 승상의 어머니와 정 사도 부부도 그만 세상을 떠나고 말았다.

양 승상은 왠지 허무한 마음이 들어 벼슬자리를 내놓고 바깥 출입을 삼갔다. 하루는 승상이 부인들과 술자리를 같이 했다.

양 승상은 옛 생각이 떠올라 옥퉁소를 꺼내어 불기 시작했다.

"승상은 모든 것을 가지신 분입니다. 높은 벼슬과 재물, 아름다운 미녀들…… 그런데 지금 불고 계신 퉁소 소리는 매우 슬프게 들립니다."

"그런 것들은 덧없는 것으로, 죽으면 아무 소용이 없소. 오직 부처님만이 영원할 뿐이오."

양 승상의 말에 모두들 고개를 끄덕였다. 그 때 어디서 왔는지 노승한 분이 지팡이를 짚고 걸어오고 있었다.

"승상께서는 저를 기억하십니까?"

"누구신지……."

승상은 노승의 얼굴을 기억해 보려고 애썼다.

"아, 오래 전 오랑캐 무리를 없애기 위해 싸움을 벌이던 중에, 동정호 용왕님의 초대를 받아 간 적이 있었지. 그 때 형산이라는 곳에 있던 절의 스님이 아닙니까?"

"하하하, 그렇소. 하지만 그 전에 나와 함께 지내던 일은 전혀 생각나지 않는 모양이군요."

"글쎄요, 저는 홀어머니를 모시고 살다가 서울로 올라왔습니다. 그 외에는 절에서 스님과 함께 지낸 기억이 없습니다."

그러자 노승은 짚고 있던 지팡이를 들어 돌계단을 두드렸다.

"자, 이제 꿈에서 깨시오."

노승이 이렇게 외치자 승상의 눈 앞에는 뿌연 연기가 가득해 앞을 볼 수 없었다. 가슴이 답답하고 속이 울렁거렸다.

그러더니 조금씩 연기가 걷히고 주변이 보이기 시작했다.

'아, 여기는 암자가 아닌가? 내 손에 염주가 쥐어져 있네.'

양 승상은 비로소 자신이 연화봉에 있던 스님 성진이라는 것을 깨달았다.

'이제야 알겠다. 육관 대사의 심부름을 하고 돌아오는 길에 팔 선녀를 만났었지. 선녀들과 장난을 주고받으며 서로 희롱하다가, 절로 돌아와 잠시 실없는 생각에 잠겼었구나. 이 일을 아신 대사님이 벌을 주어 지옥으로 갔다가, 다시 인간 세상에 태어나게 되었지. 과거에 급제하고 전쟁에서 공을 세워, 높은 벼슬도 하고 아름다운 여인들과 행복한 삶을 살았어. 이러한 인간 세상의 일이 모두 허무하다는 것을 알게 해 주려고, 대사님께서 꿈을 꾸게 한 게로구나.'

큰 깨달음을 얻은 성진은 급히 법당으로 나가 대사님을 뵈었다.

"인간 세상에서 사는 것이 어떠하더냐?"

"하룻밤의 꿈으로 큰 깨달음을 얻었으니, 무어라 감사의 말씀을 올려야 할지……."

"성진아, 네 뒤를 돌아보거라."

대사님의 말을 듣고 고개를 돌려 보니, 어느 새 성진의 뒤에는 여덟 명의 선녀들이 와 있었다.

"대사님의 가르침을 받으러 다시 이 곳으로 오게 되었습니다. 부디 저희들을 거두어 주십시오."

팔 선녀는 굳은 결심을 한 듯 몸에 걸친 치장을 모두 떼어내 버리고, 화장을 깨끗이 지웠다. 아름다운 머리카락도 싹뚝 잘라 버렸다.

육관 대사는 미소를 머금은 채 성진과 선녀들을 제자로 맞이하였다. 불경 공부에 여념이 없던 어느 날, 대사님은 제자들을 불렀다.

"중국에 건너와 불법을 전할 훌륭한 제자들을 찾았는데, 이제야 내 일을 다 했다."

대사님은 염주와 지팡이, 책 한 권을 성진에게 내밀었다.

"성진아, 이제 이 곳은 네가 지켜야겠다. 나는 돌아갈 때가 된 것 같구나."

성진을 말없이 대사님의 물건을 받아들었다.

얼마 뒤 성진은 불도를 깨달아 높은 경지에 올랐다. 땅 위에 있는 모든 것들은 성진을 훌륭한 도승으로 섬겼다.

성진과 팔 선녀는 정성을 다해 부처님의 말씀을 알리는 데 힘쓰다가, 극락 세계로 올라갔다.

사씨남정기

김만중

사씨남정기

    명나라 가정 연간, 금릉 순천부 땅에 유명한 인사가 있었는데, 성은 유요, 이름은 현이라고 하였다. 그는 개국 공신 유기의 자손이라, 사람 됨이 현명하고 문장과 풍채가 일세의 추앙을 받았다. 나이 십오 세 때 시랑 최모의 딸을 아내로 맞아서, 부부의 덕행과 금실이 세인의 칭송을 받았다. 소년 때에 과거에 급제하여 벼슬이 이부시랑 참지정사에 이르매, 명망이 조야에 진동하였다. 그러나 당시 간신이 조정에서 국권을 제멋대로 농단하였으므로 벼슬을 버리고 물러가려고 기회를 보고 있었다.

    유현은 부인 최씨와 금슬은 좋았으나 자녀의 소생이 없어서 근심으로 지내다가 늦게서야 아들을 낳고 얼마되지 않아서 부인이 세상을 떠났다. 부인을 잃은 그는 인생의 무상을 느끼고 더욱 벼슬에 뜻이 없어져서 병을 빙자하고 사직한 뒤에 집으로 돌아와서 한가로이 세월을 보냈다. 그 뒤로 국사에는 비록 참여치 않았으나 일세의 명사로서 그의 청덕을 모두 앙망하였다. 그에게 매제가 있었는데, 성행이 유순하고 정숙하여 일찍이 선비 두홍의 아내가 되었는데 초년 고생을 하다가 두홍이 늦게야 벼슬을 하였다. 유 공의 아들의 이름은 연수라 하였는데 어려서부터 숙성하였고, 나이 차차 사람에 따라 얼굴이 관옥 같고 재주가 뛰어났으며, 열 살 때 이미 문장이 놀라웠다. 유 공이 기특히 여겨서 사랑하였으나, 그 재롱을 죽은 부인에게 보이고 함께 즐기지 못하는 것이 한이었다. 유연수 소년은 열 살 때 이미 향시에 장원으로 뽑혔고, 십오 세에 과거에 급제하여 즉시 한림학사를 제수하셨다. 그러나 나이가 어리기 때문에 십 년 동안 더 학업에 힘쓴 뒤에 출사할 것을 청하매, 황제께서 그 뜻을 기특히 여기시고 특히 본직을 띤 채 오 년간의 수학 말미를 주셨다. 이에 대하여 유 한림이 천은을 감축하고, 부친 유 공이 더욱 충의를 다하여 국은에 보답하려고 맹세하였다.

유 한림이 급제 후에 성혼하려고 하매 구혼하는 규수가 많으나 좀처럼 허하지 않고, 유 공이 매제 두 부인과 함께 성중의 모든 매파를 청하여 현철한 소저가 있는 집안을 물었으나 마땅한 상대가 없어서 좀체로 결정하지 못하였다. 그 중의 주파라는 매파가 말을 하지 않고 있다가, 모든 매파들의 천거가 끝난 뒤에 입을 열었다.

"모든 말이 공변되지 못하니 제가 바른대로 소견을 말하겠습니다. 대감의 말씀이 부귀한 곳을 구하면 엄 승상 댁 만한 곳이 없고, 규수 낭자의 현철한 분을 구하려면 신성현의 사 급사 댁 소저 밖에 없으니, 이 두 댁 가운데서 택하십시오."

"부귀는 본디 내가 원하는 바가 아니요, 어진 규수를 택하려고 하오. 사 급사는 본디 대간 벼슬을 하다가 적소에서 억울하게 죽은 사람이라 진실로 강직한 인물인데, 그 집에 소저가 있는 줄은 몰랐소."

"그 소저의 용모와 덕행이 일세에 뛰어나니 더 여쭐 말씀이 없습니다. 저는 중매일을 본 지가 삼십여 년에 왕공 재열의 모든 재상 댁을 다니며 신부를 많이 보았으나, 이같이 요조 현철한 소저를 보기는 처음이니 두 번 묻지 마십시오."

"우리는 색을 취함이 아니니, 현숙한 덕행이 있는 소저라야 하오."

"사 소저는 덕행과 용모가 출중합니다. 대감은 제 말씀을 못 믿으시겠거든 사 소저의 현불현을 다시 알아보십시오."

하고, 그 매파는 사 소저를 극력 찬양하고 다짐하였다. 매파가 돌아간 뒤에 유 공은 매파의 말을 의심하고 두 부인에게 상의하였다. 그러자 부인이 묘한 제안을 하였다.

"사람의 덕행과 성질은 필법에 나타나니, 사 소저의 필체를 얻어 봅시다. 우화암의 묘혜 니(비구니)를 불러서 우화암에 기진하려던 관음화상의 관음찬을 사 소저에게 짓도록 청탁하게 합시다. 사 소저의 그 친필을 보면 재덕을 짐작할 수 있고, 또 그것을 청하러 갔을 때 사 소저의 선을 보고 올 것이니, 묘혜 니는 매파처럼 좋은 말로만 우리를 속이지는 않을 줄 압니다."

"그거 참 묘안이야. 그러나 관음찬은 매우 어려울 텐데, 여자의 글재주로 어찌 감당할까?"

"어려운 글을 짓지 못하면 어찌 재원이라 하겠습니까?"

유 공이 매제의 말이 옳다 하고 빨리 사 소저의 선볼 것을 재촉하였다. 두 부인이 사람을 우화암으로 보내서 묘혜 니를 불러왔다.

"사가와 결친하려고 하나 신부의 재덕과 용모를 알 길이 없으니, 묘혜 암자에 기진하려던 이 관음화상을 가지고 가서, 사 소저에게 관음찬을 받아서 보여 주시오."

하고, 화상을 내 주면서 간곡히 부탁하였다. 묘혜가 그 화상을 받아 가지고 곧 자기 암자의 일처럼 간청하려고 사 급사 집으로 갔다. 소저의 모친은 본디 불법을 신앙하였기 때문에, 전부터 출입하던 묘혜가 왔으므로 곧 불러들였다. 묘혜가 안부 인사를 하자 부인이 반겨 하면서

"오래 보지 못하였더니, 오늘은 무슨 바람이 불어서 우리 집에를 다 왔소?"

"아시는 바와 같이 소승의 암자가 퇴락하여, 금년에 정재를 얻어서 중수하느라고 댁에도 와 볼 틈이 없었습니다. 이제 역사가 끝났으매

부인께 한 가지 청이 있어서 왔습니다."

"불사를 위한 일이면 어찌 시주를 아끼겠소마는, 빈한한 집에 재물이 없어서 크게는 시주하지 못하겠지만, 청이라 함은 무엇이오?"

"소승이 댁에 청하려는 것은 재물 시주가 아니옵고, 소승에게는 금은 이상으로 귀중한 일입니다."

"궁금하니 어서 말해 보시오."

부인은 묘혜의 말이 의아스러워서 재촉하였다.

"소승의 암자를 중수한 뒤에 어떤 시주 댁에서 관음화상을 보내 주셨는데 이 화상은 당인의 명화입니다. 그 그림 뒤에 제명과 찬미의 글이 없는 것이 큰 흠이니, 댁의 소저가 금석 같은 친필로 찬문을 지어 주십사 하고 청하러 왔습니다. 찬문은 산문의 보배라 그 공덕이 칠보를 시주하는 것보다도 더 중하니, 찬문을 써 주신 소저의 수명이 장원하실 것입니다."

"스님의 말이 고맙소. 우리 집 아이가 비록 고금 시문에 통하나, 이런 글을 지을 수 있을지 좌우간 시험 삼아 물어봅시다."

하고, 시녀에게 소저를 불러오라고 명하였다. 이윽고 소저가 나와서 모친에게 무슨 말씀이냐고 대령하였다. 묘혜가 한번 소저를 본즉, 용모가 쇄락 기이하고 우아 자비함이 실로 관음보살이 강림한 듯이 황홀하였다. 묘혜는 심중으로 놀라며 생각하되 '진세 속에 어찌 이런 아름다운 소저가 있으랴' 감탄하면서 합장 배례하고 물었다.

"소승이 사 년 전에 소저를 뵈온 일이 있었는데, 기억하고 계십니까?"

"스님을 어찌 잊었겠소?"

소저와 묘혜의 인사가 끝난 뒤에, 부인이 소저에게 물었다.

"스님이 멀리 찾아 와서, 네 필체로 관음찬을 구하는데, 네가 그 글을 지을 수 있겠느냐?"

"소녀에게 지으라고 하시더라도 노둔한 제 재주로 어찌 감당하겠습니까? 더구나 시부 짓는 것은 여자로서 경계할 일이라 하였으니, 스님의 청일지라도 사양할 수밖에 없습니다."

"소승이 구하는 것은 원래 시부가 아니고 관음보살님의 그 높으신 공덕을 찬양하고자 할 따름입니다. 관음보살님은 본디 여자의 몸이신 고로, 여자의 글을 받아야 더욱 좋습니다. 그러니 요즘 여자 중에서 소저가 아니면 누가 이 글을 지을 수 있겠습니까? 이런 소승의 간청을 소저는 물리치지 마시오."

부인이 또한 은근히 딸에게 권하고 싶어 하는 눈치로

"네 재주가 미치지 못하면 하는 수 없지만, 그 글은 보통의 무익지문과는 다르니 웬만하면 지어 보는 것이 어떠냐? 나도 보고 싶다."

이에 반가워하는 묘혜가 얼른 족자를 싸 가지고 온 책보를 풀어서 관음보살의 화상을 펼치매, 화폭 위에 바다 물결이 끝이 없었다. 그 가운데 외로운 정자가 서 있는데, 관음보살이 흰 옷을 입고 머리도 빗지 않은 채, 어린 사내아이를 품에 안고 물결을 헤치고 앉아 있는 장면이었다. 그 화법이 정묘하여 관음보살과 동자가 살아서 움직일 듯이 보였다. 그 그림을 본 사 소저가 머리를 한 번 갸웃하고,

"내가 배운 것은 오직 유가의 글이요 불서는 모르니, 비록 찬사를 시작하더라도 스님의 마음에 들지는 못할 것입니다."

"소승이 듣건대, 푸른 연잎과 흰 연근은 한 생명이요, 석씨 자비가 공씨의 인과 한가지라 하니, 소저 비록 불서를 애송하지 않더라도, 선비의 글로 보살을 찬송하면 더욱 좋을까 합니다."

사 소저는 그제야 더 사양하지 않고 손을 정결히 씻은 뒤에 관음화상의 족자를 벽에 걸어 모시고 분향 배례하였다. 그리고 채필을 들고 앞

으로 가서 관음찬 일백이십 자를 족자 밑 여백에 가늘게 쓰고, 다시 그 아래에 연월일과 '정옥 은사 배작서'라고 서명하였다.

묘혜가 그 글의 뜻과 글씨의 모양을 극구 칭찬하고 유 공 댁으로 돌아왔다. 묘혜의 회답을 기다리고 있던 유 공과 두 부인은 묘혜가 돌려주는 관음화상의 족자를 받으면서 물었다.

"그 소저를 자세히 보았소?"

"족자 속에 그린 관음님 얼굴과 같은 용모였습니다."

하고, 사 급사 댁의 모녀와 수작한 이야기를 자세히 보고하였다.

유 공이 묘혜의 말을 듣고 매우 기뻐하며

"이 관음찬의 글과 글씨를 보니 그 재주와 덕행이 범인이 아니다."

하고, 족자를 걸고 다시 보매, 글이 청아 쇄락하고 필법이 정묘하여 한 곳도 구차한 데가 없었다. 온화하고 유순한 성품이 글에 나타났을 것이라고 칭찬하여 마지않았다. 그 글에는,

관음님은 필경 옛날의 성녀일지니, 주나라의 임사와 같도다. 그런데 외롭게 공산에 있음이 본뜻이 아닐지언정, 직설은 세상이 돕고 백이 숙제는 주려 죽었으니 처지가 다름이 아니라 의취가 다름이로다. 화상을 보니 흰옷을 입고 아이를 데리고 있으매, 이 그림으로 생각건대 오직 뜻을 취하는도다. 슬프도다, 서녘의 풀이 잔결하고 세속이 괴이하니 글을 좋아하는도다. 신지를 전희하면 윤기의 해로움이 있는데, 관음님은 왜 여기 계심이뇨. 죽림에 하강하시니 상운 오채가 임중을 둘렀도다. 그 덕이 세상에 비치니 억만 창생이 뉘 아니 공경 흠탄하리요. 극진한 공부의 거룩함이 윤회에 벗어나니 목이 숨 잃음 같아서 불생불멸하리로다. 지공무사한 덕이 천추에 유연하니 그 덕을 한 붓으로 찬양하기 어렵도다.

유 공과 두 부인이 관음찬을 보고 칭찬하여 마지않고

"문장과 필법이 이처럼 기묘하여 재덕이 겸비함을 알겠고, 매파의 말이 허언이 아니었으니, 곧 예를 갖추어 다시 통혼하자."

남매가 합의하고 다시 매파를 사가로 보내서 통혼하려고 부탁하였다.

"사 소저의 덕행을 알았으니 잘 부탁하오. 그 댁의 허혼을 받아 오면 후하게 상을 주겠소."

매파가 기뻐하며 장담을 하고 사 급사의 집으로 갔다. 사 소저는 개국 공신 사일청의 후예요, 사후영의 딸이었다. 후영이 본디 청렴 강직하매, 조정의 소인배가 꺼려하였다. 마침 소인배가 반란을 음모할 적에 사후영이 대간의 언관으로 있었으므로 간신들의 작당 농권을 분하게 여기고 여러번 상소하다가 도리어 간신의 모해를 받아 소주로 귀양갔다가 거기서 죽었다. 부인이 비분을 참고 소저를 데리고 고향 본집에 돌아와서 슬픈 세월을 보내며 소저를 애지중지 길렀다. 소저가 점점 크면서 모친을 모시고 지냈는데, 그 용모와 재덕이 기이함은 말할 것도 없고, 증자와 같이 편모를 지성으로 받들어 봉양하며, 모녀가 서로 의지하며 살아 왔다. 딸이 성장하여 혼기가 되었으나, 주혼될 사람과 방도가 없어서 근심으로 세월을 보내고 있었다.

그러던 차에 하루는 매파가 찾아와서 용광 색덕을 칭찬하면서

"제가 유씨 문중의 명을 받자와 귀댁 소저와 혼인하겠다는 뜻을 전하러 왔습니다. 신랑 되실 유 한림으로 말하면 소년 등과하여 벼슬이 한림학사에 이르고, 소년 풍채와 문장 재화가 일세에 압두하니 귀소저의 용색과 일대 가연인가 하옵니다."

부인은 이미 유 한림의 풍채가 범류에서 뛰어나다는 소문을 들은 지 오래였으나, 인륜의 대사를 매파의 말만 듣고 가볍게 결정할 수가 없었

으므로, 소저가 아직 유약하다는 핑계로 시원한 대답을 주지 않았다. 매파가 하는 수 없이 그냥 돌아와서 사실대로 자세히 유 공과 두 부인에게 보고하였다.

유 공은 실망하고 오래 생각한 끝에 매파에게 물었다.

"그 댁에 가서, 할멈은 무어라고 말하였나?"

매파가 처음 인사부터 하직하고 오던 인삿말까지 자세히 되풀이하여 말하였다. 유 공이 그 매파의 교섭 경과를 듣고 문득 깨닫고

"내가 할멈을 잘못 가르쳐 보냈었구나."

하고, 매파를 돌려 보냈다. 그리고 이튿날 유 공이 직접 신성현으로 가서 지현을 찾아 보고 정중한 중매를 부탁하였다.

"아들의 혼사로 사가에 매파를 보냈더니, 규수의 모친이 규수의 유약함을 핑계로 허혼하지 않으니, 귀관이 나를 위하여 사가에 가 주시는 수고를 아끼지 마시오."

"노선생님의 말씀을 어찌 범연히 듣겠습니까?"

"가시거든 다른 말은 하지 마시고, 다만 고 사 급사의 청덕을 흠모하여 구혼한다는 말만 전해 주시오. 그러면 반드시 허혼할 줄로 믿습니다."

유 공이 부탁하고 돌아간 뒤에 지현이 사가로 찾아 가서 부인에게 만나기를 청하자, 다른 일로는 찾아올 리가 없는 지현의 방문이라, 요전에 매파가 와서 청하던 혼사인 줄 짐작하고 객당을 깨끗이 치우고 손님을 청해 들일 준비를 하였다. 부인은 딸을 미리 객당의 옆방에 깊이 숨겨 두고, 노복을 시켜서 지현을 객당 안으로 인도하여 들였다. 우선 주과를 잘 차려서 대접한 뒤에, 부인은 시비에게 전언하여

"성주께서 친히 누지에 왕림하셔서 한가의 외로움을 위로하여 주시니 저의 집의 영광이옵니다."

지현이 부인의 인사 전언을 공손하게 들은 뒤에, 시녀에게 전언하여 "소관이 귀댁을 찾아 온 것은 다름이 아니라, 귀댁 소저의 혼사를 꼭 이루어 드리고자 하는 뜻에서입니다. 전임 이부시랑 참지정사 유 공현이, 귀소저의 재덕이 겸비하고 자색이 비상함을 듣고 기특히 여길뿐 아니라 사 급사의 청명 정직함을 항상 흠앙하오매, 그 여아의 재덕은 불문가지라 하여, 귀댁 소저로 며느리를 삼고자 하옵니다. 유 공의 아들은 금방 장원하여 벼슬이 한림학사에 이르옵고 상총이 극하오매, 사람마다 사위를 삼고자 하는 바이나, 유 공은 그 많은 구혼을 모두 물리치고 귀댁 소저에게만 나를 통하여 청혼함이니, 이 좋은 때를 잃지 마시고 허락하시면 내가 돌아가서 유 공을 뵈올 낯이 있을까 합니다."

부인이 다시 전언하여 대답하되

"용우한 여식이 재덕이 부족하고 용모 또한 취할 것이 없는데, 성주께서 이처럼 친히 오셨으니 어찌 사양하오리까. 성주께서는 돌아가셔서 쾌히 통혼하겠다는 비가의 뜻을 전해 주십시오."

지현이 크게 기뻐하고 돌아와서 유 공에게 그 경과를 상세히 알렸다. 유 공은 기뻐하면서 지현의 수고를 치하하였다. 곧 택일하고 혼례 준비를 시작하는 한편, 사 급사의 청렴 결백으로 집에 유산이 없어서 가세가 빈한함을 알기 때문에 납폐를 후하게 보내었다. 그러나 유 공은 아들의 성혼을 보지 못하고 세상을 떠난 부인 최씨를 생각하고 비회를 금하지 못하였다.

어느덧 길일이 되매, 양가에서 큰 잔치를 베풀고 예식을 이루매 남풍여모가 발월하여 봉황의 쌍을 이루었다. 신부의 모친이 신랑의 신선 같은 풍채를 사랑하여 딸과 아름다운 쌍을 이룬 것을 즐기면서도, 남편 급사가 그 모양을 보지 못함을 슬퍼하는 눈물이 옷깃을 적시었다. 신랑이 신부와 함께 빨리 집으로 돌아와서 신부가 폐백을 드리자, 유 공과 두 부인 남매 양위가 눈을 들어서 비로소 신부의 모습을 보니, 용모의 아름다움은 말할 것도 없고 현숙한 덕성이 나타나서 주가 팔백 년을 이루던 임사의 덕이 전해 남은 듯하였다.

날이 서산에 지매 잔치 손님들이 돌아가고 신부 또한 숙소로 들어가매, 유 한림이 이 첫날밤에 신부와 더불어 운우지락을 이루어서 남녀의 정이 흡연하였다.

이튿날부터 소저는 시부를 효성으로 받들고 남편을 즐겁게 섬기더니 유 공이 우연히 병을 얻어서 백약이 무효하매, 소생하지 못할 것을 깨닫고 매제 두 부인에게 길이 탄식하며 유언하였다.

"현매는 나 죽은 후에 자주 왕래하여 가사를 주관하고 잘못이 없게 하고."

또 아들 한림의 손을 잡고

"너는 앞으로 가사를 고모와 상의하여 가헌을 빛내도록 하라. 네 아내는 덕행과 식견이 높아 가부를 불의로 섬기지 않을 것이니 공경하고 화락하라."

고 유언하고, 며느리 사씨에게도

"너의 현부로서의 요조 성행을 탄복하니, 안심하고 세상을 떠날 수 있다."

하고, 마지막까지 칭찬하고 신임하였다. 유족들에게 일일이 유언한 유 공이 그 날 엄연한 자세로 별세하자, 한림 부부의 호천 애통이 비할 데 없었고, 매제 두 부인의 애통도 또한 극진하였다. 상일을 임하여 영구를 선영에 안장하고 한림 부부가 집상하매, 애회가 뼈에 사무쳐서 통곡하는 정상이 모든 사람의 눈물을 자아내어서 효성에 탄복하지 않는 자가 없었다.

세월이 물 흐르듯이 빨라서 어느덧 삼상을 마치고 유 한림이 직임에

나가니 황제가 중용하려고 하였다. 그러나 유 한림이 조정의 소인을 배척하는 기개가 강직하므로, 엄 승상이 꺼리고 방해하여 제대로 승진하지 못하였다. 그뿐 아니라 한림의 나이가 삼십에 이르렀으나 슬하에 자녀가 없어서 망연하였다. 사 부인이 이를 근심하고 한림에게 호소하였다.

"첩의 기질이 허약하고 원기가 일정치 못하여 당신과 십여 년을 동거하였으나 일점 혈육이 없으니, 불효 삼천 가지 죄에 무자의 죄가 가장 크다 하여, 첩의 무자한 죄가 존문에 용납지 못할 것이나, 당신의 관용하신 덕으로 지금까지 부지해 왔습니다. 그러나 곰곰이 생각하매 당신은 누대 독신으로 이대로 가다가는 유씨 종사가 위태로우니, 첩을 개의치 마시고 어진 여인을 취하여 득남 득녀하면 가문의 경사일뿐 아니라 첩의 죄도 면할 수 있을까 합니다."

유 한림은 허허 웃고서 부인을 위로하여 말하기를

"소생이 없다 하여, 당신을 두고 다른 첩을 얻을 수야 있겠소? 첩이 들어오면 집안이 어지러워지는 것이 근본인데, 당신은 왜 화근을 자청하는 거요? 그것은 천만부당하니 그런 생각은 하지 마시오."

"첩이 비록 용렬하나, 세상 보통 여자의 투기는 잘 알고 경계하겠으니, 첩의 걱정은 마시오. 태우의 일처 일첩은 옛날에도 미덕이 되었으니, 첩이 비록 덕이 없으나, 세속 여자의 투기는 본받지 않겠습니다."

이 말을 듣고 있던 고모 두 부인이 한림 부부의 시정을 살피고

"듣건대 옛날의 관저와 수목은 진실로 태자의 투기함이 없었기 때문에 도리어 덕이었지만, 만일 문왕이 미색을 탐하시고 의종이 편벽하셨으면 태우가 투기는 하지 않더라도 어찌 궁중에 원한이 없었으며 규중이 어지럽지 않겠느냐? 지금 시속이 옛날과 다르고, 범인으로서

어찌 투기가 생기지 않으리라고 장담하랴. 공연히 옛날의 미명을 사모하여 화근의 씨를 뿌리지 않도록 함이 좋다."

"제가 어찌 고인의 미덕만 앙모하겠습니까마는, 시속 부녀가 인륜을 모르고 시부모와 남편을 업신여기고 질투로 일을 삼아서 가도를 문란케 하는 것을 기탄하는 바이오니, 첩이 비록 어리석어서 교화를 못할지라도 그런 패악을 창수하겠습니까? 제가 비록 어리석으나 몸을 반성하지 못하고 요화에 침혹하는 일은 결코 않기로 맹세하옵니다. 그보다도 가문을 이을 후손을 보는 것이 더욱 중합니다."

사 부인의 뜻이 이미 굳게 정해진 것을 보고 탄식하며

"네 뜻은 매우 갸륵하다. 그러나 가부가 만일 너 같은 현부의 간언을 청납하면 다행이지만, 그렇지 않으면 내 말을 생각하고 뉘우칠 테니 그런 일이 없기를 바란다."

하고, 두 부인이 자기 집으로 돌아갔다. 이튿날 매파가 와서 사 부인에게 권하였다.

"한 곳에 마땅한 여자가 있는데, 부인이 바라고 구하는 뜻에 맞을까 합니다."

"내가 구하는 여자가 어떤 것인줄 알고 하는 말이오?"

사 부인이 묻자 눈치 빠른 매파는

"댁의 둘째 부인을 구하시는 뜻이 요색을 취하심이 아니고, 사람이 믿음직하고 덕이 있으며 몸이 건강하여 아들을 낳아서 후손을 이을 수 있는 여자인가 짐작합니다. 그렇지 못하고 용모와 재색만 잘난 여자는 부인께서 구하시지 않으실 줄 압니다."

"호호호, 대관절 그 여자의 근본을 자세히 말해 보소."

"양반 댁 사람으로 성은 교요 이름은 채란인데, 조실부모하고 지금은 그의 형에게 의지하여 있는데, 방년이 십육 세입니다."

"다행히 벼슬 다니는 양반 댁 딸이라면 하류 천녀와 다를 것이니 가장 마땅하오."

하고, 남편 한림에게 매파의 말을 전하면서 권하였다.

"내가 소실을 두는 것이 바쁘지 않소. 그러나 당신의 말이 관대하여 받아들이겠으니 택일해서 좋도록 하소."

그리하여 곧 통혼하고, 친척을 모아 간략한 잔치를 열어서 교씨를 제이 부인으로 데려왔다. 교씨는 한림과 본부인에게 예배하고 자리에 앉았다. 주빈 일동이 교씨를 바라보니 자태가 매우 아름답고 거동이 경첩하여 마치 해당화 꽃가지가 아침 이슬 머금은 듯이 고와서 칭찬하지 않는 사람이 없었다. 그러나 두 부인 혼자만은 안색이 우울해지며 말 한 마디도 하지 않았다.

날이 저물자, 교씨를 화원 별당에 머무르게 하고, 한림이 새로운 둘째 부인과 밤을 함께 지냈는데 남녀의 정분이 각별하였다.

이 때, 두 부인이 질부 되는 사씨에게

"한림의 둘째 사람은 마땅히 질둔 유순한 여자를 얻어야 할 것을 잘못 택한 것 같다. 저토록 절색 가인을 얻었으니, 만일 저 여자의 성품이 어질지 못하면 장차 집안이 평온치 못할 것 같아서 걱정이다."

라고 말하며 미리 걱정하였다. 그러나 사 부인은 태연한 태도로

"옛날의 위장강의 고운 얼굴과 공교로운 웃음으로도 현선지덕을 가작하여, 지금까지 절대가인이 반드시 간교롭지 않음을 증명하고 있는데, 색이 곱다고 어찌 어질지 않으리까?"

"장강은 어진 부인이었지만, 자색은 그리 곱지 못하였던 모양이다."

하고, 서로 웃었다. 그러나 이튿날 두 부인은 사씨에게 다시 새로 맞은 교씨를 조심하라고 이르고 돌아갔다.

한림은 교씨 처소의 당호를 고쳐서 백자당이라 하고, 시비 납매 등

다섯 명으로 교씨의 시중을 들게 하였다. 교씨는 총명 민첩이 지나친 교활한 솜씨로 한림의 마음을 잘 맞추며, 본부인 사씨도 잘 섬겼으므로 집안이 칭찬하여 마지않았다.

머지않아서 교씨가 잉태하였으므로 한림과 본부인 사씨가 매우 기뻐하였다. 한편 간사한 교씨는 남자를 낳지 못할까 미리 염려한 나머지 여러 무당을 불러서 물었지만 어떤 자는 생남한다고 하고, 어떤 자는 생녀한다고도 하였다. 그리고 또 남자를 낳으면 단명하고, 여자를 낳으면 장수한다는 점괘 풀이도 하였다. 교씨는 이런 무당들의 불길한 점괘에 마음을 놓지 못하고 근심으로 지냈다. 하루는 시비 납매가 교씨에게 이상한 말을 속삭였다.

"동리에 어떤 여자가 있는데 호를 십랑이라 합니다. 본디 남방 사람으로서 여기 와서 우거 중인데, 재주가 비상하여 모르는 것이 없으니, 그 사람을 불러다가 물어보십시오."

교씨가 그 말을 듣고 기뻐하여 곧 자기 거처로 불러들였다. 교씨는 그 십랑에게 운수를 물었다.

"임자는 뱃속에 든 아기의 남녀를 알아내는 재주가 있소?"

"제가 비록 식견이 밝지 못하오나, 수태한 사람의 남녀를 분별치야 못하겠습니까? 부인의 손을 잠깐 빌려 주시면 집맥한 후에 정확하게 판단해 올리겠습니다."

교씨가 팔을 걷고 맥을 집혀 보이자, 십랑이 잠시 맥을 짚어 본 뒤에
"여맥입니다."
하고 말하자, 교씨는 그 엄연한 선언에 깜짝 놀라면서
"대감께서 나를 이 댁에 들여 놓으신 것은 한갓 색을 취하심이 아니라, 사속할 생남으로 농장지경을 보고저 하신 것인데, 만일 첫아기를 생녀하면 낳지 않으니만 못하니 이 일을 장차 어쩌리요."

"제가 일찍이 산중에 들어가서 도인을 만나서 수업하고 복중의 여아를 남아로 변화시키는 술법을 배운 바 있습니다. 그 뒤에 그 술법을 시험해 보았더니 영험이 백발 백중입니다. 부인께서 꼭 생남하시고 싶으면, 저의 그 묘한 술법을 한번 시험해 보십시오."

교씨가 반색을 하고 그 술법으로 다행히 생남하면 천금을 아끼지 않고 후한 상을 주리라 약속하였다. 십랑은 그 술법이 매우 어렵다는 태를 뺀 뒤에 문방사우(종이 · 붓 · 먹 · 벼루)를 청하여, 기묘한 부적을 여러 장 써서 기괴한 비방을 많이 한 뒤에, 교씨의 방 안의 각처와 침석 속에 감추어 둔 뒤에

"저의 술법은 끝났습니다. 금후 만삭이 되면 반드시 옥동자를 낳으실 것입니다. 그 때 다시 와서 득남 하례를 하겠으며, 후하신 상금은 그 때 받을까 합니다."

하고 십랑은 자신만만하게 돌아갔다. 어느덧 십삭이 차매, 교씨는 과연 순산 득남하였다. 어린아이의 이목이 청수 쇄락하고 크기가 세 살된 아기만 하매, 한림은 본부인 사씨와 기쁨을 이기지 못하였고, 노복들도 모두 경희하며 칭송하였다.

교씨가 남아를 낳은 뒤로는 유 한림의 교씨에 대한 대접이 더욱 두터워서 사랑이 비할 데 없어서 백자당을 떠날 일이 없고, 아들의 이름을 장지라 하여 장중보옥같이 여겼다. 더구나 본부인 사씨의 아기에 대한 정이 극진하였으므로, 교씨가 낳은 아이인지 사씨가 낳은 아이인지 모를 정도로 두 부인 사이의 정까지 한층 깊어져 갔다.

때는 마침 늦봄이라 동산의 백화가 만발하여 경치가 아름다웠다. 유 한림이 황제를 모시고 서원에서 잔치에 배참하느라 집에 일찍 돌아오지 못하였다. 이 때 사 부인이 책상에 의지하여 글을 보고 있었는데 시녀 춘방이 와서

"지금 화원 정자에 모란꽃이 만발하였으니 구경하십시다. 대감께서 아직 조정에서 돌아오시지 않았으니, 한가로운 이 때에 한번 화원에 소풍하시고 꽃구경하십시오."

하고 권하였다. 사 부인이 반가운 소식이라고 곧 책을 덮고, 옷을 가볍게 갈아입은 뒤에 시녀 오륙 명을 거느리고 연보를 옮겨서 화원의 정자에 이르렀다. 버들 그늘이 정자의 난간에 기대고, 꽃향기가 연못에 젖었으며, 그윽한 경치가 고요하여 봄경치가 매우 즐길 만하였다. 사 부인이 시녀에게 차를 명하고 교씨를 청하여 함께 봄경치를 구경하려던 참에, 바람결에 문득 거문고 소리가 은근히 들려왔다. 사 부인이 이상히 여기고 귀를 기울이고 자세히 들으니, 거문고 소리가 맑아서 비취가 옥쟁반에 구르는 듯, 사람의 마음을 깊이 감동시켰다. 사 부인이 좌우 시녀에게 물었다.

"누가 저렇게 거문고를 잘도 타느냐?"

"저 거문고 소리는 교 낭자 침소에서 나는 성싶습니다."

"그럴까? 음률은 여자의 할 바가 아닌데, 교 낭자가 어찌 거문고를 저리 잘 하겠느냐? 남의 말은 믿기 어려우니 저 소리나는 곳에 가 보고 와서 사실대로 고하라."

시비가 사 부인의 명을 받들고, 그 거문고 소리 나는 곳으로 찾아가 보니 과연 백자당이었다. 시녀가 밖에서 안을 엿본즉, 교씨가 요리상을 풍부하게 차려 놓고 섬섬옥수로 거문고를 희롱하고, 한 사람의 미인이 화려한 의상으로 마주 앉아서 노래를 부르고 있었다. 시비가 자기의 눈을 의심하고 몇 번 자세히 본 뒤에 돌아와서 사 부인에게 사실대로 고하였다.

사 부인은 매우 못마땅히 여기고, 교랑이 어느 사이에 거문고를 배웠으며 또 노래를 부른 사람은 누구냐고 노하였다. 그리고 교씨를 불러서 좋은 말로 훈계한 후에 다시는 그런 일이 없게 할 생각이었다. 그리고 곧 시비를 보내어 교씨를 데려오라고 명하였다.

이 때 교씨는 십랑의 술법으로 생남하고 한림의 사랑이 두터워지자 십랑과 더욱 친해졌다. 그 뒤로 교씨는 십랑의 힘과 방예로 한림의 총애를 독점하려고 애쓴 나머지, 음률로 한림의 마음을 매혹시키고 농락하려고 거문고와 노래까지 배우게 되었던 것이다.

"낭자가 한림의 총애를 더 받으려면 음률을 배우시오. 거문고와 노래는 장부를 혹하게 하는 마술이니, 거문고 잘하는 사람을 스승으로 삼으시오."

"나도 그런 마음이 있으나, 그런 사람을 구할 길이 없으니 소개해 주오."

"거문고 잘 타는 여자가 있는데 이름이 가랑으로서 거문고와 노래의 명수이니 그 여자를 청하여 배우시면 됩니다."

교씨가 찬성하고 십랑을 통해서 가랑을 백자당으로 불러들였던 것이다. 가랑은 확방 계집으로서 온갖 풍악에 능숙하였는데, 교씨의 부름을 받고 와서 곧 뜻이 맞고 정이 깊어졌다. 교씨는 본디 영리하였기 때문에, 가랑에게 음률을 배우기 시작하자 거문고와 노래 솜씨가 일취월장하였다. 교씨는 음률의 스승이자 이야기 친구인 가랑을 옆방에 숨겨 두고, 한림이 조정에 나가고 없는 틈으로 음률을 배웠다. 그리고 한림이 집에 있을 때는 그 배운 솜씨로 한림의 성정을 혹하게 해서 더욱 총애를 받고, 마침내 몸까지 독점하게 되었다. 그리하여 한림은 사 부인과는 점점 멀어져서 침소에는 얼씬도 않고 교씨 침소에만 사로잡혀 있는 형편이 되고 말았다.

그 날도 한림이 조정에 나가고 집에 없었으므로, 요리를 차려 놓고 가랑과 함께 술을 즐기면서 가곡을 희롱하고 있는데, 사 부인의 시비가 와서 명을 전하고 같이 가자고 재촉하였다. 교씨가 황급히 주안상을 치우고, 시비를 따라서 사 부인이 있는 화원의 정자로 가지 않을 수 없었다. 사 부인은 넌지시 좋은 낯으로 맞아서 자리에 앉힌 뒤에 조용히 물었다.

"교랑 침소에 와 있는 미인이 어떤 여자지?"

"친정 사촌누이입니다."

교씨가 거짓말을 하였다. 사 부인이 엄숙한 태도로 정색을 하고

"여자의 행실은 출가하면 시부모 봉양과 낭군 섬기는 여가에 자녀를 엄숙히 교육하고 비복을 은혜로 부리는 것이 천직이 아닌가. 그런데 방종하게 음률과 노래로 소일하면 가도가 자연 어지러워지니, 교랑은 잘 생각하고 다시는 그런 일이 없도록 조심하게. 그리고 그 여자는 곧 제 집으로 보내되 이런 내 말을 고깝게 여기지 말게."

"제가 배우지 못하여 그런 잘못을 깨닫지 못하였다가, 이제 부인의 훈계 말씀을 들었으니 각골 명심하겠습니다."

사 부인은 재삼 위로하며, 조금도 오해하지 말라고 자상하게 일렀다. 그리고 그 날이 지도록 화원에서 꽃구경을 하면서 즐겁게 지내었다.

하루는 한림이 조정에서 돌아와서 백자당에 들렀으나, 술이 취하여 잠을 이루지 못하고 난간에 기대어 봄밤의 원근 경치를 바라보니, 달빛은 낮같이 밝고 꽃향기 그윽하매, 호흥이 발작하였다. 그래서 교씨에게 거문고를 타고 노래를 하라고 청하자 교씨가 딴청을 썼다.

"바람이 차서 감기가 들었는지 몸이 불편하여 못하겠으니 용서하십시오."

"허어, 그게 무슨 말인고. 여자의 도리는 남편이 죽을 일을 하라고 해도 반드시 어겨서는 안되는 법인데, 그대가 병을 핑계로 내 말을 거역하니 무슨 못마땅한 일로 그러는 것이 아닌가?"

"실은 제가 심심하기로 노래를 부르고 있었더니 부인이 불러서 책망하기를, 네가 요괴스럽게 집안을 어지럽게 하고 한림을 혹하게 하니 다시 그런 행동을 말라고 꾸중하셨습니다. 만일 또다시 노래를 부르면 칼로 혀를 끊고, 약을 먹여 벙어리로 만든다 하셨습니다. 제가 본디 비천한 계집으로 한림의 은혜를 입사와 부귀영화가 이같이 되었으니 죽어도 한이 없습니다. 그러니 제가 지금 부르시라는 노래를 못하는 고충을 짐작하시고 용서하여 주십시오. 더구나 한림의 청덕이 저의 잘못으로 흠이 되고 흐려지실까 두려워합니다."

교씨가 공교로운 말로 은근히 사 부인을 좋지 않게 중상하자, 한림이 깜짝 놀라면서 속으로 본부인 사씨의 질투라고 생각하고 교씨를 위로하였다.

"내가 그대를 취함이 모두 부인의 권고로 이루어진 것이요, 지금까지 한 번도 그대에 대하여 나쁘게 대하는 것을 본 일이 없었다. 이제 부인이 그대에게 그런 책망을 한 것은 필경 비복들이 부인에게 참언으로 고자질했기 때문이 아닐까 한다. 부인은 본디 성품이 유순한 사람이라, 결코 그대를 해치려고 할 리가 없으니 부질없는 염려는 말고 안심하라."

교씨는 가슴이 투기로 타올랐으나 대범한 한림의 말에는 잠자코 있었고, 그것이 더욱 한림의 동정을 사게 되었다. 속담에도 범의 그림에서는 뼈를 그리기 어렵고 사람의 사귐에는 마음을 알기 어렵다고 하듯이, 교씨는 교언영색으로 겸손의 탈을 쓰고 있었으므로, 사 부인은 교씨의 겉 다르고 속 다른 본심을 알 수 없었다. 사 부인이 교씨를 훈계한 것은 조금도 질투에서 나온 사심은 아니었다. 다만 음란한 노래로 장부의 마음을 미혹할까 염려한 것보다는, 실로 교씨에게 정숙한 여자의 몸가짐을 바라는 심정에서 충고한 데 지나지 않았던 것이다. 그러나 교씨는 사 부인의 충고에 원한을 품고 교묘한 말로 한림에게 참언을 하여 내화를 빚게 하였으니, 이것은 교씨의 요악한 투기의 소산이었다.

이 때 유 한림의 친한 벗이 하나 있었는데, 그 친구가 자기의 집사로 있던 남방 사람 동청을 천거하여 문객으로 두라고 권하였다. 한림이 마침 집사를 구하던 중이라 집에 두고 일을 보게 하였다. 동청이 영리하고 민첩하여 남의 마음을 잘 맞추어서 영합하기를 잘 하였다. 친구도 그의 마음이 착하지는 못하여도 마음을 잘 맞추어서 좋게 여기다가, 외임으로 떠나게 되자 동청의 허물은 말하지 않고 유 한림에게 천거하고 갔던 것이다. 한림이 동청을 불러서 사람됨을 보았을 때에, 동청의 언사가 민첩하여 흐르는 물 같았다. 한림은 믿는 친구의 추천에다가 그처럼 영리하였으므로, 곧 집에 두고 서사의 일을 시켰다. 그런데 동청의 위인이 간사하고 교활하여 한림에게 아첨하고, 하고자 하는 것을 미리 알아차려 비위를 잘 맞추었으므로, 순진한 한림이 신임하게 되었다. 그런 동청의 태도를 본 사 부인이 한림에게 귀띔을 하였다.

"들리는 말에도 동청의 위인이 정직하지 못하다 하니, 큰일을 저지르기 전에 내보내는 것이 좋을까 합니다. 전에 있던 곳에서도 요약한 일을 많이 하다가 일이 탄로나 쫓겨났다 하니, 곧 내보내시오."

"남의 풍설의 진부를 알 수 없고 믿는 친구의 추천으로 받아들였으니, 좋고 나쁜 것은 좀 두고 보아야 할 것 아니오?"

"사람은 부정한 사람과 함께 지내면 주위 사람까지 부정에 물들게 되는 법이니, 빨리 내보내서 가도를 어지럽히지 말도록 예방하는 것이 좋을까 합니다. 만일 그런 표리부동한 사람 때문에 지하로 돌아가신 부모님의 가법을 추락시키면 그 때 후회하여도 소용이 없습니다."

"당신의 말도 일리가 있으나 세상 사람이 남을 중상하기 좋아해서 하는 풍설인지 모르니, 좀 써 봐야 진부를 알 것이며 좋지 못한 것을 발견했을 때 처리하는 것이 우리의 길이 아니겠소?"

사 부인은 남편 한림의 태도가 못마땅하였다. 그전에는 이런 문제로 이만큼 말하면 남편이 자기의 말에 따르더니 이렇게 고집하는 남편의 태도가 이상스럽기도 했다.

사실 한림으로서는 사 부인을 신임하는 정도가 전과는 분명히 달라져 있었다. 첩 교씨의 참소로 사 부인을 의심하는 마음이 한림에게 생긴 줄을 사 부인은 아직도 모르고 있었기 때문에, 말만 길어지고 결과는 얻지 못하였던 것이다.

그 후로 동청은 큰집 살림의 집사로 일을 보았는데, 한림의 비위 맞추기에 노력하였으므로 사 부인의 충고도 공연한 말이라고 다 잊어버리고 더욱 신임하면서 중요한 가사를 거의 일임하였다.

첩 교씨는 점점 노골적으로 사 부인을 참소하였으나, 아직도 총명이 남은 한림은 그저 못 들은 척하면서 집안에 내분이 없게 되기를 바라는 태도였다. 마침내 질투에 불타게 된 교씨는 무당 십랑을 불러서 자기의 분한 사정을 말하고, 사 부인을 모해할 계교를 물었다. 재물에 매수된 십랑은 묘한 계교를 오래 생각한 뒤에 교씨의 귀에 입을 대고 이리이리 하면 사씨를 절제할 수 있다고 속삭이고 조금도 근심할 것이 없다고 다짐하였다.

"그럼, 지체 말고 빨리 해서 내 속을 편히 해 주게."

"염려 마십시오."

십랑이 신이 나서 사씨 음해의 일에 착수하였다.

이 때 마침 사 부인의 몸에 태기가 있어서 열 달이 차서 순산 생남하였으므로, 한림이 인아라 이름 짓고 기뻐하였다. 상하 비복들까지 단념하였던 본부인이 득남하였으므로 신기히 여기고, 교씨가 생남하였던 때보다 몇 배로 경축하였다. 교씨가 이런 한림과 집안의 기색을 보고 질투가 더욱 심해져서 간장이 타오르는 듯 어쩔 줄을 몰랐다. 십랑을 또 불러서 이 사실을 전하고 빨리 사씨 음해의 비방을 행하라고 재촉하였다. 십랑은 곧 요물을 만들어서 사면에 묻고 교씨의 심복 시비인 납매를 시켜서 이리이리 하라고 가르쳐 주었다. 그런 간악한 음모가 비밀리에 진행되고 있는 것은 교씨, 십랑 시비, 납매의 세 사람 이외에는 아무도 알지 못하였다.

하루는 유 한림이 조정에 입번하였다가 여러 달만에 출번하여 집으로 돌아와 보니, 집안의 상하가 황황하며 교씨 소생 장지가 급한 병이라고 고하였다. 한림이 놀라서 교씨 거처인 백자당으로 달려가니 교씨가 한림을 보고 울면서 호소하였다.

"그 애가 홀연히 발병하여 죽을 지경이니, 심상치 않습니다. 병세가 체증이나 감기가 아니고, 필경 집안의 누가 방예를 해서 일으킨 귀신의 발동인가 합니다."

"설마 그럴리야 있을까?"

한림은 교씨를 위로하고 아들의 방으로 가서 보니, 과연 헛소리를 지르고 가위 눌리는 증세로서 위급해 보였다. 한림이 우려하여 약을 지어다가 교씨에게 급히 달여서 먹이게 하고 동정을 자세히 보았으나 조금도 차도가 없었다. 한림은 낙망을 하고, 교씨는 엉엉 울기만 하였다.

한림의 총명도 점점 감하여 갔는데, 열 번 찍어서 안 넘어 가는 나무가 없다는 속담과 같이, 교씨의 말에 귀를 기울이게 되었다. 의심이 늘어서 모든 일에 줏대를 잃게 되었다. 사 부인의 부덕은 옛날 현부에도 손색이 없었으나, 교씨 같은 요인이 첩으로 들어와서 집안을 어지럽히고 천미한 여자가 누명을 만들어서 가문을 욕되게 하니, 마땅히 그런 사악한 여자는 엄중히 징계하여야 할 것이다.

이 때 교씨가 교활한 집사 동청과 몰래 사통하고 있었으매, 실로 한

쌍의 요악지물이었다. 교씨의 침소인 백자당은 밖으로 담 하나를 격하여 화원이 있었으며 화원의 열쇠는 교씨가 가지고 있으므로, 한림이 내당에서 자는 밤에는 교씨가 동청을 화원 문으로 불러들여서 동침하며 음란을 일삼았다. 그러나 엄중한 비밀의 사통이라 시비 납매만이 알 뿐이었다.

한림은 장지의 병이 심상치 않음을 보고 매우 걱정하고 있을 때, 교씨마저 칭병하여 식음을 끊고 밤이면 더욱 슬퍼하며 한림의 마음을 불안케 하였다. 하루는 납매가 부엌에서 소세하다가 한 봉의 괴이한 방예를 얻었다고 한림과 교씨에게 보였다. 그것을 본 교씨의 얼굴이 흙빛으로 변해서 말을 못하고 앉았다가, 이윽고 울면서

"제가 십육 세 때 이 댁에 들어와서 남에게 원망 들을 일은 하나도 하지 않았는데, 어떤 사람이 우리 모자를 이토록 모해하니 참으로 억울해서 죽을 지경입니다."

한림이 그 방예한 요물을 보고 묵묵히 말을 하지 못하며 침통해하고만 있었다.

"한림께서는 이 일을 어떻게 처치하실 생각입니까?"

교씨가 이 기회에 한림의 결의를 촉구하였다. 한림은 생각한 끝에

"일이 비록 잔악하지만 집안에 의심할 잡인이 없으니 누구를 지목하고 문초하겠는가. 이런 요예지물은 아무도 모르게 불태워 버리는 것이 좋지 않겠는가?"

교씨가 문득 생각난 듯한 태도를 하다가, 참는 척하고

"한림 말씀이 지당합니다."

대답하자, 한림이 안심한 듯이 납매에게 불을 가져오라고 명하여 뜰에서 친히 살라 버리고 아무에게도 누설하지 말라고 일렀다. 그리고 한림이 나간 뒤에 납매가 교씨에게 불평스럽게 물었다.

"낭자께서는 왜 한림의 의심을 부채질해서 예정대로 일을 진행시키지 않고 좋은 기회를 잃었습니까?"

"이번에는 한림께 그만 정도로 의심하게 해 두는 것이 좋다. 너무 급하게 서두르다가는 도리어 의심을 사고 해로울 것 같아서 그랬다. 다음 기회에 한림께서 더 결심을 굳게 하시도록 할 것이니, 너는 너무 조급히 굴지 말아라. 그만해도 한림의 마음은 이미 동하였으니 요 다음에……."

이리이리 하자고 납매에게 다음 계교를 말해 두었다. 한림이 그 방예의 글씨가 교씨의 글씨임을 알았는데, 그것이 또한 교씨 부인의 필적같이 모방한 줄로 짐작하고 불에 살라서 증거를 없앴던 것이다. 그 뒤에 생각하기를 전에 교씨가 사 부인의 투기를 은연중에 비방하였을 때에도 믿지 않았는데, 이번에 이런 일까지 있을 줄은 꿈에도 생각하지 못하였다. 당초에 대를 이을 아들이 없어서 사 부인의 주선으로 교씨를 첩으로 맞아들였더니, 지금 와서는 자기도 자식을 낳게 되자 악독한 계교로 교씨 소생을 방예로 저주하여 없애려고 한다고 부인 대접에 냉담하게 되었다.

이 때 사 급사 댁에서 부인의 병환이 위중하므로, 딸을 보고자 사돈 유 한림 댁으로 편지를 내었다. 사 부인이 모친의 위독한 기별을 받고 깜짝 놀라서 한림에게

"모친의 병환이 위중하시다 합니다. 지금 가 뵙지 못하면 평생의 한이 되겠으니 친정에 보내 주십시오."

"장모님 병환이 위독하시면 빨리 가시오. 나도 틈을 타서 한번 가서 문안하겠소."

사 부인이 친정으로 길을 떠날 때, 교씨를 불러서 자기 없는 사이의 가사를 부탁하고, 인아를 데리고 신성현 친정으로 갔다. 모녀가 오래 떠

나 있다가, 병석에서 딸을 만나서 일희 일비하였다. 모친의 노환은 중하였으나 일진 일퇴의 증세이므로, 사 부인은 구호하느라고 빨리 시가로 돌아오지 못하고 자연 수개월이 되었다. 한림의 벼슬은 본디 한가한 직책이라 때때로 틈을 타서 빙모 문병차 신성현 처가로 빈번히 왕래하였다. 이 무렵에 산동과 산서와 하남 지방에 흉년이 들어서 백성이 거산하여 사방으로 유랑하게 되었다. 황제가 이 지방의 기황을 들으시고 크게 근심하고, 조정에서 덕망 있는 신하 세 사람을 뽑아서 삼도로 나누어 보내어, 백성의 질고를 살피라는 분부를 내렸다. 이 때 유 한림이 세 신하 중 한 사람에 뽑혀서 급히 산동 지방으로 가게 되었으므로 미처 사 부인을 보지 못하고 떠났다.

한림이 집을 떠난 뒤로는 교씨가 더욱 마음을 놓고, 방자하게 동청과의 간통을 마치 부부같이 하여 거리낌이 없었다. 하루는 교씨가 동청에게

"지금 한림이 멀리 지방을 순무하고 있으며 사씨가 오래 집을 떠나서 없으니, 계교를 단행할 가장 좋은 시기인데, 장차 사씨를 없애 버릴 무슨 방법이 없을까?"

하고, 간부의 꾀를 물었다.

"묘계가 있소. 사씨를 쥐도 새도 모르게 죽여 버리겠으니 걱정할 것 없소."

하고 그 묘안을 귓속말로 설명하자, 교씨가 반색하였다.

"낭군의 그 방법이면 귀신도 모를 테니 곧 착수해 주소."

"내게 냉진이란 심복인이 있는데, 내 말이라면 잘 듣고 꾀가 많으니, 감쪽같이 해치울 것이요. 우선 사씨가 소중히 여기는 보물을 얻어야 하겠는데, 그것이 어렵군요."

교씨가 한참 생각한 뒤에 자신이 있는 듯이 말하였다.

"글쎄요. 옳지, 좋은 수가 있어요. 사씨의 시비 설매가 우리 남매의 동생이니까, 그 애를 달래서 사씨의 보물을 훔쳐 내게 하겠어요."

이런 음모를 한 뒤에, 남매가 조용한 틈을 타서 사씨의 시비 설매를 불러서 금은과 보물을 주면서 꼬여 대었다. 이에 귀가 솔깃해서 넘어간 설매는

"부인의 재물을 넣은 상자는 골방에 있으나, 열쇠가 있어야지. 그런데 그 보물을 무엇에 쓰시려고 그러지?"

"그것은 묻지 말고, 아무에게도 말하지 말아라. 만일 이 일이 탄로나면 우리 둘은 살지 못할 것이다."

남매는 그런 위협까지 하고, 교씨의 열쇠 꾸러미를 주면서, 그 중에 맞는 열쇠가 있을 테니 잘 해 보라고 하며, 보물 가운데서도 한림이 늘 보고 소중히 여기는 보물을 꺼내 오라고 부탁하였다. 설매가 열쇠 꾸러미를 숨겨 가지고 가서, 골방에 간수해 둔 보석 상자를 열고 옥지환을 훔쳐다가 교씨에게 주면서, 그 옥지환의 내력을 고하였다.

"이 옥지환은 구가의 세전지보물이라고 한림 양주께서 가장 소중히 여기셨습니다."

교씨가 기뻐하며 설매에게 후한 상금을 주고, 동청과 함께 흉계를 시행하기로 하였다. 마침 이 때에 사씨를 모시고 갔던 하인이 신성현 친가에서 와서, 사 급사 부인이 작고했다는 부고를 전해 왔다.

"사씨 댁에 무후하시고, 가까운 친척도 없어서, 우리 부인께서 손수 치상하여 장례를 지내시고, 교 낭자께 가사를 착실히 살피시라는 전갈이었습니다."

이 부고를 받은 교씨는 간사스럽게 시비 남매를 보내서 극진히 사 부인을 위로하고, 한편으로는 동청을 재촉하여 흉계를 진행시켰다.

이 때 유 한림이 산동 지방에 이르러서 주점에 들러서 밥을 사 먹으

려 할 적에, 문득 어떤 청년이 들어 와서 한림에게 읍하였다. 한림이 답례하고 본즉, 그 청년의 풍채가 매우 준매하였다. 한림이 성명을 묻자

"소생은 남방 태생으로 성명은 냉진이라 하옵는데, 선생의 고성 대명을 듣고자 하옵니다."

그러나 유 한림은 민정 시찰로 암행 중이므로 바른대로 밝히지 않고 다른 성명으로 대답하며, 민간의 곤궁한 실정을 물었다. 그러자 그 청년의 대답이 영리하고 선명하였으므로, 한림이 감탄하고 계속 물었다.

"그대는 지금 어디로 가는 길인가? 그대가 비록 남방 사람이라 하나, 서울말을 하는군."

"나는 외로운 몸으로서, 구름같이 동서로 표박하며 정처가 없는 사람이요. 서울에도 수년간 있다가 올봄에 이 곳 신성현에 와서 반 년을 지내고 고향으로 돌아가는 길인데, 다행히 함께 수일 동안 동행하게 됨은 좋은 인연이 될까 하오."

"그런가? 나도 외로운 길에서 마음이 울적하던 참이니 자네를 만나서 다행일세."

하고 주식을 권하여 서로 먹고 동행하게 되었다. 그들은 낮에는 길을 가고 해가 지면 주막에서 자며, 닭이 울어서 밤이 새면 또 떠나고 하였다. 유 한림이 밤에 잘 때에 보니, 그 청년의 속옷 고름에 본 적이 있는 듯한 옥지환이 매어 있었다. 한림이 이상히 여기고 자세히 보니, 아무래도 눈에 익은 옥지환이라 의심하지 않을 수 없었다.

"내가 일찍이 서역 사람에게 배워서 옥류를 좀 분별할 줄 아는데, 자네가 가진 그 옥지환이 예사 옥이 아닌 듯 하니, 좀 구경시켜 주게."

청년이 옥지환 보인 것을 뉘우치는 듯이 머뭇거리다가, 마지못한 듯이 옷고름에서 끌러 한림에게 내 주었다. 한림이 손에 받아들고 자세히 보니, 옥의 색깔과 형태와 새긴 제도가 자기 부인 사씨의 옥지환과 똑

같았다. 더욱 자세히 살펴보니, 이상하게도 푸른 털실로 동심결이 맺어 있지 않은가. 더욱 의심이 깊어졌으므로 청년에게

"참 좋은 보배로군. 그대는 이것을 어디서 구하였나?"

청년이 거짓으로 슬픈 모양을 꾸미고 묵묵히 옥지환을 받아서 도로 옷고름에 매었다. 한림은 그 옥지환의 출처가 궁금해서 다시 물었다.

"그 옥지환에 반드시 무슨 사연이 있을 텐데, 나한테 말한들 무슨 거리낌이 있겠는가?"

청년이 오래 있다가 입을 열고

"북방에 있을 때 마침 아는 사람에게 얻었는데, 형이 왜 그리 캐묻는가?"

하고, 그 출처를 알리려고 하지 않았다. 유 한림은 어떤 도적이 자기 부인의 옥지환을 훔쳤던 것을 우연히 산 것이 아닐까 하고, 그 내막을 알아내려고 기회를 보았다.

그럭저럭 여러 날 동행하는 사이에, 두 사람은 자연 친근한 길동무가 되었으므로 한림이 또 물었다.

"자네가 그 옥지환이 동심결을 맺은 이유를 좀체로 말하지 않으니, 어찌 그 동안 길동무로 친해진 우정이라고 하겠는가?"

그러자 냉진이라는 청년이 마지못해

"그 동안 형과 정의가 깊어졌으므로 숨길 필요도 없지만, 정든 사람의 정표로만 알고 나를 비웃지 말아 주게."

"그처럼 정든 사람이 있으면, 왜 같이 살지 않고 남방으로 가는가?"

"호사다마라고 조물주가 시기하여 좋은 인연이 두 번 오지 않는 것을 어찌 하겠나? 옛날 말에 규문에 한 번 들어가는 것이 깊은 바다에 들어감과 같다 하더니, 이것이 내가 사랑하는 소저와의 정사이매, 어찌 안타깝지 않겠는가?"

냉진은 짐짓 자기의 사랑의 고민을 고백하는 듯이 슬픈 기색을 하며 탄식하여 보였다.

"그러나 자네의 염복이 부러워."

하며, 두 길동무는 종일토록 통음하고, 다음 날 오후 각각 길을 나누어 이별하였다. 유 한림은 그 냉진이라는 청년과 우연히 길동무가 됐으나, 수일 동안 동행한 자의 근본을 알지 못하였다. 게다가 자기 부인 사씨의 옥지환의 행방이 어찌 되었는지 궁금하였으나, 멀리 떨어진 산동 지방을 암행 중이라 알아볼 도리가 없었다.

'세상에는 이상한 일도, 측은한 일도 많구나. 혹은 집안의 종들이 그 옥지환을 훔쳐 내다가 팔아 버린 것일까? 그러나 그 청년이 사랑하는 의중지인의 정표라던 넋두리는 무슨 뜻일까?'

한림의 의심과 걱정은 천 갈래 만 갈래로 심란스럽기만 하였다. 그런 근심을 하면서 반년 만에야 국사를 마치고 서울로 돌아오니, 사 부인이 친정에서 돌아와 있은 지도 오래였다. 한림은 비로소 장모의 별세를 알고 부인과 함께 슬퍼하며 조상하고, 교씨와 두 아들 장지와 인아를 만나서 그립던 회포를 풀었다. 그리고 객지에서 냉진이라는 청년이 가지고 있던 옥지환이 궁금해서 사씨 부인에게 물었다.

"당신은 전에 부친께서 내려 주신 옥지환을 어디에 간수해 두었소?"

"그대로 패물 상자에 넣어 두었는데, 그건 왜 갑자기 물으세요?"

"좀 이상한 일이 있었기로 궁금해서 보고자 하오."

사씨 부인이 이상히 여기고 시비에게 금 상자를 가져 오라고 명하였다. 상자를 갖다가 열고 본즉, 다른 패물은 전부 그대로 있었으나 그 옥지환 한 개만 보이지 않았다.

사씨 부인이 깜짝 놀라서

"분명히 이 상자 속에 넣어 두었는데, 이게 웬일일까!"

하고 어쩔 줄을 몰라 하였다. 한림의 안색이 급변하여 말을 하지 않으므로 더욱 당황해서 물었다.

"그 옥지환의 행방을 한림께서 아십니까?"

한림이 얼굴을 붉히고

"자기가 남에게 주고서 나한테 묻는 건 무슨 심사요?"

사씨 부인은 뜻밖의 말을 듣고, 부끄럽고 두려운 마음으로 착잡하여 아무 말도 하지 못하고 있었다.

이 때에 시비가 두 부인께서 오셨다고 고하였다. 한림이 황망히 나가서 고모를 맞아 들여서 인사를 나눈 뒤에, 두 부인의 먼 길 무사 왕복을 위로하였다. 이윽고 한림은 두 부인을 향하여

"내가 출타 중 집안에 대변이 생겨서, 곧 고모님께 상의하러 가려던 참에 잘 오셨습니다."

"아니, 집안에 무슨 대변이 생겼기에?"

한림이 흥분을 진정하면서, 냉진이라는 청년을 만나 옥지환을 보고 또 그에게 들은 말이 이상해서 집에 와 옥지환을 찾아 보았으나 과연 없으니, 이 가문의 큰 불행을 장차 어찌할까 하고 상의하였다. 사씨 부인이 한림의 그 말을 듣고 혼비백산하여 눈물을 흘리고 있다가

"첩의 평일의 행색이 성실치 못하였기 때문에 주인이 의심하고 지금 이런 누명을 쓰게 되었으니, 무슨 면목으로 사람을 대하겠습니까? 첩의 입으로는 변명하지도 않고 할 수도 없으니, 죽이든지 살리든지 한림의 뜻대로 하십시오. 옛말에 이르기를 어진 군자는 참언을 신청하지 말고 참소하는 자를 엄중히 다스리라 하였으니, 한림은 살피셔서 억울함이 없게 하십시오."

두 부인이 변색을 하고 유 한림을 꾸짖었다.

"너의 총명이 선친과 비교하여 어떠냐?"

"소질이 어찌 선친께 따를 수 있습니까?"

유 한림이 황송해하면서 대답하였다.

"사형(오빠)께서는 지인지감이 있고, 또 천하의 일을 모를 것이 없이 지내셨는데, 매양 사씨를 칭찬하되 우리 자부는 천하에 기특한 절대 열부로서 옛날의 열부에 못하지 않다 하셨다. 또 네 일을 나에게 부탁하시기를 아직 연소하니 모든 것을 가르쳐서 그릇되지 않도록 하라고 하셨다. 또 자부에 대하여서는 모든 일에 별로 경계할 바가 없다고 하셨으니, 이것은 선친의 총명이 사씨의 범행 숙덕을 잘 아시고 한 말씀이었으니, 그 교자지도가 어찌 범연하셨겠느냐? 그러지 않을지라도 선친의 유탁에 색감함이 인자의 도리어늘, 하물며 선친의 식감과 사씨의 열행에 이 같은 누명을 씌워서 옥 같은 처자를 의심하느냐? 이것은 필경 집안에 악인이 있어서 사씨를 모해함이 아니면, 시비들 가운데 간사한 자가 있어서 옥지환을 도적질해 낸 것이 분명하다. 그것을 엄중히 밝혀 내지 않고 왜 그런 어리석은 의심을 하느냐?"

"고모님 말씀이 지당합니다."

하고, 한림은 곧 형장지구를 갖추고 시비들을 엄중하게 문초하였다. 애매한 시비는 죽어도 모를 수밖에 없었고, 장본인인 설매는 바른대로 고백하면 죽을 것이 분명하므로 끝까지 고문을 참고 자백하지 않았다. 마침내 시비들 가운데서 범인을 색출하지는 못하였으므로, 두 부인도 할 수 없이 집으로 돌아왔다. 그러나 사씨는 누명을 깨끗이 씻어 버리지 못하였으므로 하당하여 죄인으로 자처하였고, 한림은 한림대로 참언을 하도 많이 들어 역시 사씨에 대한 의심을 풀지 않았으므로, 집안에서 기뻐하는 자는 교씨뿐이었다.

그 후로 한림이 교씨만 사랑하면서 사씨에 대한 일을 의논하게 되자,

교씨가 갖은 간사를 농하면서

"선친께서 항상 말씀을 빛내어서, 사씨를 옛날의 열부에게 비교하고 다른 사람들은 안하로 보니, 첩인들 어찌 좋지 않은 일을 해서 남의 치소 능욕을 받겠습니까? 첩의 소견으로도 두 부인 말씀이 옳을까 합니다. 그러나 두 부인 말씀도 역시 공평하지 못하셔서 사씨만 너무 칭찬하시고 한림을 너무 공박하시니, 자못 체면이 없어서 민망스럽습니다. 옛날의 성인도 오히려 속은 일이 많사오니, 선친이 비록 고명하시나 사씨가 들어온 후에 오래지 않아서 기세하셨으니, 어찌 사씨의 심지를 예탁하심이며, 임종시의 예언은 한림을 경계하심에 지나지 않았던 것입니다. 그런데도 불구하고 두 부인이 그 말씀을 빙자하여 모든 일을 사씨에게 상의하여 처리하라 강요하시니, 어찌 편벽되지 않습니까?"

"사씨의 행색에 별로 구차한 점이 없어서 나도 이런 일은 없을 줄 알았더니, 지금은 아무래도 의심하지 않을 수 없는 점이 있다. 요전에도 방예물의 저주 필적이 사씨 필적 같아서, 그 때는 집안의 누구의 참언인가 하고 불살라 버리게 하였지만, 옥지환이 없어진 일 같은 중대한 사건을 본 뒤로는 금후에 어떤 지경에 이를지 매우 불안하다."

하고, 한림이 사씨에 대한 현재의 심경을 말하자, 교씨가 이 때다 하고 다그쳐 물었다.

"그러면 사 부인을 어떻게 처치하실 생각입니까?"

"그러나 지금 명백한 증참이 없으니 이대로는 다스릴 수 없고, 선친이 사랑하셨고 또 초토를 함께 지내었으며, 숙모께서 그토록 두둔하시니 어찌 처치하겠는가?"

한림의 이런 신중한 태도에 교씨는 불만스런 안색으로 묵묵히 대답하지 않았다. 교씨가 또 잉태하여 십삭이 차서 남아를 낳았으므로 한림이 기뻐하고 이름을 봉추라 하고, 교씨 소생 형제를 사랑함이 장중보옥 같았다.

교씨는 한림이 없을 때를 타서 동청과 함께 흉계를 꾸미고 있더니

"요전에 행한 계교가 실로 묘하였으나, 한림이 듣지 않아서 성사치 못하였소. 옛말에도 풀을 뿌리째 뽑아 없애야 한다고 했으니 앞으로 어찌할까요? 더구나 두 부인과 사씨가 옥지환 없어진 근맥을 잡아 내어서 그 내막이 누설되면 어떡할까요?"

교씨가 전후사를 근심하자 동청이 교씨를 위로하면서 교사하였다.

"두씨가 옥지환 사건을 극력 추궁하고 있으니 숙질 간을 참소하여 이간시키시오."

"나도 그런 생각이 있어서 두 부인과 한림 사이를 이간시키고자 하지만, 한림이 두 부인 섬기기를 모친 못지 않게 하여 모든 집안일을 두 부인 뜻에 순종하니 그 계략은 어려울 것 같아요."

"그러면 묘책이 곧 생각나지 않으니 두고두고 상의합시다."

하고, 사씨 음해를 끈덕지게 벼르고 있었다.

이 때 두 부인은 사씨의 누명을 벗겨 주려고 사람을 시켜서 옥지환이 없어진 경로를 염탐하였으나, 마침내 단서를 잡지 못하고 심중으로 생각하기를, '아무래도 교녀의 간계 같은데 단서를 잡지 못하였으니 그런 발설을 할 수도 없고, 이 일을 장차 어찌할까' 하고 속을 썩이고 있었다. 그래서 유 한림 집에 오래 머무르기도 거북해하다가, 아들 두억이 장사 부총관으로 부임하므로 그 아들을 따라 장사로 가게 되었다. 자기는 아들을 따라서 장사로 떠나는 것이 좋으나, 사씨의 고생을 생각하면 마음이 놓이지 않았다. 마침내 장사로 떠나는 날, 유 한림이 두 부인 모자를 청하여 큰 환송 잔치를 배설하였는데, 그 좌상에 사 부인이 보이지 않았다. 두 부인이 자못 울적하여 한림에게 원망스러운 말을 하였다.

"오라버님이 세상을 떠나신 후로 현질 한림과 서로 의지하여 지냈는데, 이제 갑자기 만 리의 이별을 하게 되었으므로 꼭 현질에게 한 마디 부탁하고자 하는데, 내 말을 꼭 지키겠느냐?"

"소질이 비록 신의가 없을지라도 고모님 말씀을 어찌 거역하겠습니까? 무슨 말씀이신지 들려 주십시오."

"다른 일이 아니라, 사씨의 앞일을 부탁하련다. 사씨의 성행이 근엄하여 억울한 마음도 소견대로 변명하지 않으니 더욱 측은하다. 그 정렬한 점으로 보아서 무죄한 것이 틀림없으니 머지않아서 억울한 사실이 나타나려니와, 만일 내가 이 집에서 없어진 후에 또 무슨 해괴한 일로 참언이 있더라도 곧이듣지 말며, 혹 무슨 불미한 일이 있더라도 나에게 먼저 편지로 상의하고 내 의견이 있을 때까지 과하게 처리하지 말아서, 나중에 경솔했다고 뉘우치는 일이 없게 하라."

"고모님의 말씀을 명심하고 교의를 근수하겠사옵니다."

한림이 맹세하듯이 대답하자, 두 부인이 시녀를 불러서 물었다.

"사 부인께서 어디 가시고 이 자리에 안 보이시느냐? 이 자리에 오시기를 꺼려하시거든 나를 그리로 인도하라."

시비가 두 부인을 모시고 사씨 사는 곳으로 갔다. 가서 본즉 사씨가 녹발을 허트린 채 얼굴이 창백하고 전신이 연약해져서 입은 옷 무게조차 이기지 못하는 듯이 애처로웠다. 두 부인의 마음은 칼로 저미듯이 아팠다. 수심에 잠겨 있던 사씨 부인이 고모님을 보고 반가워하며 축하 인사를 올리었다.

"이번에 고모님 댁이 영귀하셔서 임지로 행차하시매, 죄첩이 존하에 나아가서 마땅히 하직 올려야 하오련만, 몸이 만고의 누명을 쓰고 있기 때문에 나아가 뵈옵지 못하와, 제 목숨이 있는 동안에 다시는 뵙지 못하게 되면 무궁한 한이 되겠더니, 천만뜻밖에 누처에 왕림하여 주셔서 감격하옵니다."

두 부인이 눈물을 흘리면서 위로하였다.

"오라버님의 임종시 유언에 한림을 나에게 부탁하시던 말씀이 아직도 귀에 쟁쟁하되, 내가 조카를 잘 인도하지 못한 탓으로 사랑을 이 지경에 이르게 하였으니 모두 내 허물이다. 그리고 타일에 어찌 지하로 돌아가서 오라버님 영혼을 뵙겠느냐? 모두 내 불명이지만 질부는 너무 근심하지 말고, 필경은 사필귀정으로 길운을 만나서 흑운을 벗어날 날이 올 것이다. 그러면 간사한 무리가 능히 모해하지 못하고, 조카 한림이 자기의 불명을 뉘우치고 질부 누명을 씻어줄 것이다. 예로부터 영웅 열사와 절부 열녀가 시운을 만나지 못하면 한때 공액을 당하는 법이니, 널리 생각하고 심신을 상함이 없도록 하라. 이 유씨 가문이 본디 충문지가로서, 간악한 소인에게는 원한을 사서 해를 많이 당하였으나 가중은 한결같이 맑더니, 선대가 별세하신 후로 이렇듯 괴이한 변고가 있으니 이것은 집안의 요사한 시첩이 조카의 총명을 흐리게 한 까닭이다. 요사이 조카의 거동을 보니 그전의 총명과 맑은 기운이 하나도 없고, 나하고도 집안일을 의논하는 일이 적어서 숙질 간의 의도 감소되어 버렸다. 내가 동정을 살펴보니, 한림에게도 귀신에 홀린 것 같아서 빨리 그 미혹에서 벗어나기를 바라지만 그것도 시기가 와서 미몽을 깨우칠 것 같다. 질부도 천정의 운수로 여기고 과도하게 심사를 상하지 말라."

되풀이하여 신신당부한 두 부인은 시비를 시켜서 유 한림을 그 방으로 불러오게 하였다. 두 부인은 한림을 맞아서 정색으로 슬퍼하면서 엄숙히 훈계하였다.

"요새 네 행사를 보니 아무래도 본심을 잃은 사람 같으니, 매우 뜻밖의 일로서 슬프기 짝이 없다. 네 선친이 별세하실 때에 집안의 대소사를 나에게 부탁하신 말씀이 귓전에 새로운데, 내가 용열하여 질부 사씨의 빙옥 같은 행실까지 시운이 불리한 탓인지 누명을 쓰고 고통하고 있는 정사를 보고도, 내가 멀리 떠나게 되니 마음을 놓고 갈 수가 없다. 내가 지금 질부 있는 이 자리에서 한 말을 꼭 부탁하겠다. 금후에 집안에서 질부를 음해하거나 혹 무슨 흉사를 보게 되는 경우라도 결코 사씨를 의심하고 냉대하지 말고 내가 돌아옴을 기다려서 처리하라. 질부는 절부 정녀니까 결코 그른 생각이나 그른 행동은 하지 않을 것으로 믿는다. 질부의 신세가 위태로운 정상을 보니 내 발길이 돌려지지 않는다. 그러니 조카 한림은 부디 조심하고 간사한 말을 듣지 말아라."

한림은 이마를 찌푸리고 엎드려서 묵묵히 고모의 말을 듣고만 있었다. 두 부인은 깊은 한숨을 쉬고 재삼 사씨의 일을 당부하고 돌아갔다. 사씨 부인은 가장 믿어 오던 보호자가 떠나감을 바라보며 슬프게 울었다. 교씨는 두 부인을 원수같이 여기다가 이제 멀리 장사로 감을 내심 기뻐하고, 십랑을 불러 놓고

"지금까지 원수였던 두 부인이 이제 아들을 따라 멀리 가게 되었으니 이 때에 빨리 계획대로 해치우는 것이 좋겠네."

십랑이 찬성하고 계획을 진행하기로 하고, 납매를 불러서 이리저리하라고 일렀다.

그 말을 들은 납매는 설매를 불러서 계교를 일러 주었다.

"매우 중대한 일이니, 먼저 교 낭자께 알리고 하는 것이 좋을 것 아니오?"

하고, 설매는 교씨의 확실한 다짐을 받으려는 생각에서 말하자, 납매도 찬성하고 교씨와 함께 만나서

"지금 사씨 부인을 이 댁에서 내쫓으려면, 장지 아기의 목숨을 끊어

야 한림께서도 격하시어 계교를 행할 수 있을까 합니다."

교씨도 자기 아들의 목숨을 희생으로 삼아야 되겠다는 말에는 깜짝 놀랐다.

"미운 사씨를 위한 일이라면 무슨 일을 하여도 좋지만, 어찌 귀여운 내 아들의 목숨을 제물로 바치겠느냐? 그리고 어찌 내가 살 수 있겠느냐?"

하고, 악에 받쳐서 묵묵히 말을 못하고 있었다.

이 때에 한림은 두 부인이 멀리 떠난 후, 더욱 기탄할 곳이 없어서 주야로 백자당에서 교씨와 즐겁게 지내던 중, 아들 장지의 병이 낫지 않는 것을 근심하면서 납매와 설매에게 약시중을 시키고 있었다. 그런데 설매가 역시 사씨 부인의 시비인 춘방을 시켜서 약을 다리게 한 뒤에 독약을 섞어서 장지에게 몰래 먹였다.

이 얼마나 끔찍한가. 교씨는 남을 잡으려고 제 자식을 죽이기까지 하였으니 어찌 천도가 무심하며, 만고의 독부가 아니겠는가. 천진한 어린 아이 장지가 약을 먹자마자 전신이 푸르게 부어오르고 일곱 구멍에서 일시에 피가 흘러 내리면서, 한 마디 큰 소리를 지르고 죽어 버렸다. 교씨와 한림이 대경실색하고 장지의 시체를 살펴보니, 독약을 먹고 죽은 것 같았으므로 한림이 의심하고 약 그릇을 가져와 남은 약을 개에게 먹여 본즉, 약을 먹은 개가 즉사하였다. 이것을 본 한림의 얼굴이 흙빛으로 변하는 모양을 본 교씨가 대성통곡하면서

"내 평생에 남의 원한을 살 만한 일은 한 적이 없는데, 어떤 간악한 자가 우리 모자를 죽이려고 이런 악독한 짓을 했을까?"

하고, 죽은 자식을 붙잡고 이름을 부르며 울다가 한림에게 향하여

"한림이 내 원수를 갚아 주지 않으시면 나도 죽어 버리고야 말겠나이다."

한림은 교씨를 위로하고, 좌우의 시녀를 족쳐서 장지에게 먹인 독약의 출처를 추궁하려고 하였다. 사씨 부인의 시비 춘방이 설매의 꼬임으로 약을 다렸는데, 약을 쓴 뒤에 장지가 급사한 것을 보고 깜짝 놀라서 겁을 집어먹고 탄식하였다.

"장지의 어린 목숨이 불쌍하다. 죄 없는 자식이 어미를 잘못 만나서 참혹한 죽음을 당하였구나. 공교롭게 내가 다린 약을 먹고 죽었으니, 그 의심을 받은 내 신세가 앞으로 무슨 화를 입을지 모르겠다."

한림이 서헌에 나와서 여러 비복들을 호령하고, 당장에 납매와 설매를 잡아내다가 엄형으로 독약의 출처를 추궁하여 살이 터지고 피가 흘렀으나 좀체로 자백하는 자는 나오지 않았다. 설매는 교씨의 심복이라 이를 갈고 불복하였으므로, 한림은 하는 수 없이 시비들을 모두 감금하고 자백하는 자가 나오기를 기다리려고 하였다.

시비들이 그 흉한 사고를 사씨 부인에게 알리고 통곡하였으므로, 사씨 부인도 경악하면서 마침내 올 것이 왔다고 생각하였다.

"내가 이런 일이 있을 줄 예측한 지가 오래매, 새삼스럽게 놀랄 것도 없다. 피하지 못할 운수일지도 모른다."

하고, 안색이 조금도 변하지 않았다. 이튿날에는 유씨 종중이 모두 모여서 가문의 괴변을 처리하려고 의논하였다. 이 자리에서 한림이 사씨의 전후의 죄상과 모든 의심쩍은 말을 하였다. 그러나 모든 사람은 전부터 사씨의 현숙함을 알고 있었으며, 사씨 또한 모든 친척을 후대하여 왔으므로 깜짝 놀라며 의심하지 않을 수 없었다.

그러나 한림은 반드시 증거를 잡아 내겠으니, 비밀을 아는 사람은 가문을 위하여 서슴지 말고 증거인으로 나와 달라고 요구하였다. 그러나 남의 집안의 비밀 일을 어떻게 알겠느냐고 펄쩍 뛰며 이구동성으로

"이 일은 한림 스스로 잘 살펴서 처리할 일이지 우리가 어찌 판단하

겠소. 우리 소견은 한림이 공명정대하게 처리하기를 바랄 뿐이오."
하고, 은근히 사씨의 무죄를 암시하는 동시에 그런 불상사의 분규에는 휩쓸려 들기를 꺼려하였다. 한림은 향촉을 갖추어서 사당 앞에 올리고 친척들과 함께 분향 예배하고 사씨의 죄상을 고하였다. 그 조상에 고발하는 글월에 '유세차 가정 삼십 년 모월 모일에 효증조 한림학사 유연수는 삼가 글월을 현증조고 문현각 태학사 문충공부군, 현증조비 부인 호씨, 현조고 태상경 이부 상서 현조비 부인 정씨, 현고 태사공 예부상서 부군, 현비 최씨 영전에 아뢰옵나니, 부부는 오륜이요 만복지원이매 나라를 비롯하여 서인에 이르기까지 어찌 삼가지 아니하리요. 슬프도다, 저 사씨 처음으로 유씨 문중에 들어오매, 가내에 예성이 자못 자자하고, 예도에 어김이 없으므로 천행이었습니다. 그러나 범사에 처음만 있고 내내 여일치 못하여 혹 불미한 일이 있어도 책하지 않았더니, 그 후로 사씨의 행색이 점점 방자하여졌습니다. 선고의 삼년상을 함께 모신 후에 출사하여 집에 있지 못하는 사이에 더욱 음흉하였고, 모병을 빙자하고 본가에 가서 누행이 탄로되었으나, 혹 억울한 중상을 입은 것이 아닌가도 생각하고 자취를 집안에 머무르게 하였던 것입니다. 그런데도 스스로 후회하지 않고 그 죄가 칠거에 더하니, 조종 심령이 음향치 않으실 바이므로, 후사멸절할까 두려워서 부득이 출거시키고자 하옵니다. 소첩 교씨는 비록 육례는 갖추지 못하였으나 실로 명가의 자손이요, 고서를 박람하여 가히 조종의 제사를 받듦직 하온지라 교씨를 봉하여 정실로 삼나이다.'

한림은 조상 영전에 고하는 이 글월을 다 읽은 뒤에, 시비들을 시켜서 사씨를 데려다가 사당 앞에 사배 하직케 하매, 사씨의 눈에서 눈물이 비오듯 하였다. 친척들은 대문 밖에서 쫓겨 나가는 사씨와 이별하고 모두 동정의 눈물을 흘렸다. 유모가 사씨 소생 인아를 안고 나오자, 사씨 부인이 받아서 안고 차마 이별하지 못하였다.

"너는 내 생각을 말고 잘 있거라. 혹 우리가 다시 만날 날이 있을지도 모른다. 새도 깃을 잃으면 몸을 보전하기 어렵다 하니, 나 간 뒤에 넌 들 어찌 완명할 수 있으랴. 서로가 죽더라도 하생에서 미진한 인연을 후생에 다시 만나 모자의 연분이 되기를 원한다."

사씨의 슬픈 회포가 피눈물로 화하여 흘렀다. 문전에서 사씨 부인은 다시 자기 모자의 슬픈 신세를 하소연하였다.

"네 조부님께서 세상을 떠나실 때에 따라 가지 못하고 살아 있다가 지금 이런 광경을 당하니 어찌 슬프지 않으랴."

하고; 사랑스러운 아들 인아를 다시 유모에게 돌려 주고 죽으러 가는 죄 인처럼 가마에 오른 뒤에도, 유모에게 안긴 천진난만한 인아의 조그만 손을 잡고 어루만지다가 이내 가마가 떠나가자, 어린 인아가 엄마를 따라 가려고 애처롭게 울어 댔다. 사 부인은 우는 목소리로 유모에게 인아의 장래를 수없이 당부하고, 하인 하나만 데리고 떠나 버렸다.

이 때 유 한림 집안에서는 교씨의 흉계가 성공되었으므로 교씨의 심 복 시비들이 저희들 세상이 되었다고 기뻐하였다. 그 시비들은 교씨를 사당 앞으로 인도하고 분향 예배시키기를 서둘렀다. 주홍군의 패옥 소 리가 맑게 울리고 황홀히 빛나서 마치 신선과 같이 아리따운 자태였다. 사당 예배를 마치고, 정실 부인으로서 많은 비복들의 하례를 받았는데, 교씨는 비복들에게 훈시하였다.

"내가 오늘부터 새로이 내사를 다스릴 터이니, 너희들은 각각 맡은 일에 근면하고 죄를 범하지 않도록 명심하라."

이에 응하여 시비 중의 팔구 명이 앞으로 나와서 교씨에게 아뢰었다.

"사씨 부인이 비록 출거하셨으나, 여러 해 섬기는 동안에 은혜를 많 이 받았습니다. 다행히 부인께서 허락하시면, 문 밖까지 나가서 전부 인께 이별 인사를 드리고 전송하고자 하옵니다."

"그것은 너희들의 인정상 원하는 것이니, 내가 어찌 막겠느냐?"

교씨의 허락이 내리자 모든 시비들이 일시에 문 밖으로 달려나가서 이미 저만큼 떠나가는 가마를 따라가며 통곡하였다. 사씨가 교자를 멈추고 타일렀다.

"너희들이 나를 생각하고 이렇게 나와서 보내 주니 고맙다. 앞으로는 새로운 부인을 잘 섬기며, 나를 잊지 말아 다오."

이 말에 여러 시비가 울면서 이별을 슬퍼하여 마지않았다.

유 한림의 집을 쫓겨난 사씨는 가마꾼에게 신성현으로 가지 말고, 유씨의 묘소로 가라고 분부하였다. 교자가 묘소에 이르자 사씨는 시부모 묘전에 수간초옥을 짓고 거기서 홀로 살았다. 그 뒤로 한적한 산중에서 화조월석에 친부모와 시부모를 사모하는 효성이 지극하였다.

이런 소식을 들은 사씨의 남동생이 찾아와서 눈물을 흘리면서 탄식하였다.

"여자가 남편에게 용납되지 못하면 마땅히 친정으로 돌아와서 형제와 함께 지낼 것이지, 누님은 왜 이런 무인 산중에서 홀로 고생을 하고 계십니까?"

"네 말은 고맙다. 내가 어찌 동기지정과 모친 영혼을 모르겠느냐? 그러나 한 번 친정으로 돌아가면 유씨의 집안과는 아주 인연이 끊어지고 말 것이요, 또 한림이 비록 나를 버렸으나 내가 돌아가신 시부님께 죄진 일이 없으니, 시부님 산소 밑에서 여년을 마치는 것이 나의 마지막 소원이다. 그러니 내 걱정을 말아라."

사씨의 아우는 누님의 고집을 알고 집으로 돌아가서 노복 한 사람과 시비 두 사람을 보내서 사씨의 신변을 보살피게 하였다. 사씨는 아우의 정의에 눈물을 흘리면서

"우리 친가에 본디 노복이 적은데 어찌 여러 비복을 내가 거느리겠는

가?"

하고, 노복 한 사람만 두어서 외부와 연락하는데 쓰고, 시비들은 도로 친정으로 보내었다. 묘지 근처에는 유씨 종중과 노복들이 많이 살고 있었으므로, 사씨가 시부 묘하에 묘막을 짓고 살게 된 사실에 동정과 감격을 하고 모두 위로하여 쌀과 야채를 끊임없이 공급하여 주었다. 그러나 사씨는 그런 친척과 노복들의 신세를 지는 것이 송구하여서 되도록 사양하고, 바느질과 길쌈을 하여 근근히 연명하며 외로운 세월을 보내고 있었다.

이 때 사씨를 태우고 갔던 가마꾼들이 유 한림 댁으로 돌아와서, 사씨가 한림의 부친 묘소 밑으로 가서 거처를 삼으려 한다는 소식을 전하였다. 교씨는 그 소식을 듣고 사씨가 신성현의 제 친정으로 가지 않고 유씨 묘소로 간 것은 유씨 가문에서 축출한 명령을 거역하는 방자스러운 소행이라고 생각하고 한림에게 그 부당함을 주장하였다.

"사씨는 누명으로 조상께 죄진 몸인데, 어찌 감히 유씨 묘하에 있을 수 있습니까? 빨리 거기서 쫓아 버려야 합니다."

한림이 침울한 마음으로 더 염두에 두지 않으려고

"이미 우리 집에서 쫓아 버렸으니, 제가 어디 가서 살건 상관할 것 없지 않소? 하물며 산소 부근에는 다른 사람들도 많이 사는데, 그만 금할 수도 없으니 모른 척하고 잊어버립시다."

교씨는 더 주장은 못하였으나 속으로 못마땅하게 여겼다. 그러나 하루는 동청에게 의논하자 동청이 후환을 염려하고

"사씨가 제 친정으로 가지 않고 유씨 묘하에 머물러 있는 것은 큰 뜻을 품은 행동으로서, 앞으로 옥지환의 행방 등 우리 계교를 발명하고 복수하려는 저의가 분명하고, 제가 유가의 자부로 자처하면서 후일을 도모하려는 것이 아니겠소? 더구나 그 근처에 있는 유씨 종중의 인심을 사려는 간교가 또한 분명하오. 그뿐 아니라 한림이 춘추로 성묘를

다니시다가 그 처량한 모양을 보시면 철석 간장이라도 옛날 정의를 생각하고, 마음이 다시 어떻게 동요할지 모르니 마음이 놓이지 않습니다."

"그러면, 사람을 보내서 암살해 버릴까?"

교씨가 성급하게 최악의 수단을 말하였다.

"그것은 도리어 평지 풍파를 일으킬 염려가 있으니 안 됩니다. 지금 갑자기 죽이면 역시 가엾게 여기는 마음이 남아 있는 한림이 우선 의심합니다. 나한테 한 가지 계획이 있는데, 그것은 냉진이 아직 가속이 없고 그 전부터 사씨를 흠모해 왔으니 그에게 사씨를 꼬여다가 첩을 삼게 하면, 나중에 한림이 듣더라도 변절해 버린 여자라 더럽게 여기고 아주 잊어버릴 것입니다."

"호호호, 그렇게만 되면 냉진에게도 좋은 일이지만, 잘 될 수 있을까?"

"냉진의 수단으로는 되고 말고요. 사씨가 유씨 묘하에 뿌리를 박고 있으려는 계획은, 아까 말한 것 외에도 장차 두 부인이 오는 것을 기다려서 한림과 인연을 다시 맺으려는 계획입니다. 사씨가 두 부인을 하늘같이 믿고 있으니 이제 두 부인의 편지를 위조하여, 도중에서 냉진이 데려다가 겁탈하여 첩으로 삼으면 사씨가 아무리 절개를 지키려 하더라도 연약한 몸으로는 욕을 당하고 단념하게 될 것입니다."

교씨는 간부 동청의 계략을 듣고 여간 반가워하지 않았다.

"당신의 계교는 정말로 신출귀몰하니 와룡 선생의 후신인가 보구려."

동청은 몰래 냉진을 불러서 그 계교를 일러 주었다. 냉진은 총각인데다가 사씨의 높은 평판을 알고 있었으므로 기뻐하면서 두 부인의 필적을 청하였다. 동청이 염려 말라 한 뒤에 교씨에게 그것을 구하게 해서 냉진에게 주었다. 냉진은 그 두 부인의 필법을 모방한 똑같은 글씨로 사씨에게 서울로 오라는 사연을 썼다. 즉 한림의 무상한 태도를 탄식하고 당분간 서울로 와서 함께 지내다가 사가로 복귀할 시기를 기다리라는 편지를 보냈다. 그리고 교자와 인마를 차려서 보내니, 곧 타고 오라는 재촉이었다. 냉진은 뒤에 두 부인의 편지를 교묘하게 위조한 뒤에 교자와 말을 세내고 가마꾼 등의 인부 십여 명을 매수하여 보내면서 사씨에게 장사에서 온 것 같이 잘 행동하라고 교사하였다.

냉진은 사씨를 유괴할 인부들을 보낸 뒤에 집으로 돌아가서, 화촉을 갖추고 사씨가 유괴되어 오기를 기다렸다.

하루는 사 부인이 창가에서 베를 짜고 있을 때, 문 밖에서 부르는 소리가 문득 들렸다.

"문안 드립니다. 이 댁이 유 한림 부인 사 소저 계신 댁입니까?"

노복이 나가서 그렇다 하고, 어디서 무슨 일로 왔느냐고 물었다.

"서울 두 추관 댁에서 왔소."

"두 추관이 마님을 모시고 임지로 가셨고, 그후로 그 댁이 비었는데, 누구의 명으로 왔소?"

"아직 두 추관 댁 소식을 모르는군. 우리 주인께서 장사 추관으로 계시다가, 나라에서 한림으로 제수하시고 조정의 내관으로 부르셨으므로 마님께서 먼저 상경하시고, 사씨 부인께서 여기서 고생하신다는 소식을 들으시고 놀라서 우리를 보내어 문후하라고 편지를 가지고 왔소."

하고, 찾아온 전갈군이 사씨 부인의 노복에게 편지를 전하였다. 노복이 안으로 들어가서 그대로 사씨 부인에게 알렸다. 사씨 부인이 그 편지를 받아서 봉을 떼어 본즉, 그 사연은 이별한 후로 염려하던 말로 위로하고, 아들의 벼슬이 승진하여 곧 임지를 떠나서 상경하리라는 것과 그에 앞서서 자기가 먼저 상경하여 있다는 사연이었다. 그리고 또 유 한림의 오해로 쫓겨나서 산소 밑에서 고생하다가 강포한 무리의 침노를 당할까 두려우니 당분간 자기 집으로 와서 있으면 모든 것이 좋지 않을까 생각한다, 만일 이런 자기 뜻에 찬성하면 곧 교자를 보낸다는 내용이었다.

　이 두 부인의 편지를 본 사씨 부인은 두 부인이 장사에서 아들의 내관 전직으로 먼저 상경한 것을 기뻐하고, 곧 두 부인한테로 가겠다는 답장을 써서 전갈 온 사람에게 주어 돌려 보냈다. 그리고 그날 밤에 혼자 앉아서 곰곰이 생각하되 '이곳이 비록 산골짝이지만 선산을 바라보며 마음을 위로해 왔었는데 이제 이 곳도 떠나게 되니, 서울 두 부인 댁으로 가면 몸은 편할지라도 마음은 더욱 허전할 터이니 내 신세가 처량하다'

　그런 생각 중에 홀연히 잠이 와서 조는데 비몽사몽간에 전에 부리던 시비가 와서 시아버님 유 공께서 부르신다고 말하면서 가기를 청하였다. 사씨 부인이 곧 시비의 뒤를 따라서 어느 곳에 이르니, 시비 수명이 나와서 맞아들였다. 사씨 부인이 시아버님의 침전에 이르러서 보니 완연히 그전 시아버님의 생시 모습이었다. 사 부인이 반가워하고 흐느껴 울었다. 유 공이 가깝게 끌어서 앉히고 위로하며,

　"어리석은 아이가 참언을 듣고 너 같은 현부를 내쫓아서 고생을 시키니 내 마음이 아프다. 그러나 오늘 너를 불러 가겠다는 두 부인의 편지는 진짜가 아니니 속지 말라. 네가 그 글씨의 자획을 자세히 보면 위조 편지임을 알 것이니, 결코 속지 말아라. 그리고 내가 세상을 이별한 뒤로 너를 다시 보지 못하였으니 어찌 슬프지 않으랴. 눈을 들어서 나를 다시 봐라. 비록 유명의 세계가 다르나 자부가 아이와 함께 사당에 분향하고 잔을 올리더니, 지금 와서는 천첩이던 간악한 교씨가 제사를 받들매, 내 어찌 흠향하겠느냐? 이런 해괴하고 슬픈 일이 어디 있으랴. 현부가 집을 떠난 후에 이 곳에 와 있으니 나도 너의 정성을 기쁘게 여기고 의지하여 왔는데, 네가 이제 멀리 떠나가면 내가 외로워서 어찌하랴."

사 부인이 시부 유 공에게 울면서 대답하되

"두 부인께서 부르시더라도 어찌 묘하를 떠나겠습니까?"

"정말로 두 부인 옆으로 간다면 나도 말릴 생각은 없다마는, 그 편지가 위조물이요, 그렇다고 여기 오래 있으면 또 박해가 있을 것이다. 더구나 자부에겐 칠 년 재액의 운수이니, 마땅히 남방으로 피신하는 것이 좋다. 지금 빨리 피신하라."

"외롭고 약한 여자의 몸으로 어찌 칠 년 동안이나 사고무친한 타향을 유리하겠습니까? 앞으로 겪을 길흉을 가르쳐 주십시오."

"그 천수를 낸들 어찌 알겠느냐? 다만 내가 일러 두거니와 지금으로부터 육 년 후의 사월 십오일에 배를 백빈주에 매어 두었다가 급한 사람을 구해 주어라. 이 말을 명심 불망해야만 네 운수도 대통한다."

"분부대로 하겠습니다. 그러나 이제 이 곳을 떠나면 언제 또다시 존안을 뵙겠습니까?"

하고 흐느껴 울었다. 그 울음에 놀란 유모와 노복이 몸을 흔들기로 사씨가 놀라서 눈을 뜨니 꿈이었다. 사씨가 꿈 이야기를 한즉, 유모와 노복도 신기하게 여기고 소홀히 여길 꿈이 아니라고 아뢰었다. 사 부인이 꿈에서 가르친 대로 두 부인이 보냈다는 편지를 꺼내서 글씨의 자획을 자세히 살피면서,

"두 추관이 홍자를 은휘하는데, 두 부인 편지라면 어찌 홍자를 썼을까? 필적은 비슷하게 흉내냈어도 위조가 분명하다. 도대체 어떤 자가 이렇게까지 악랄한 수단으로 나를 모해하려는가."

하고 흉흉한 의심으로 잠을 이루지 못하던 중에 어느덧 날이 밝기 시작하였다. 사씨가 유모에게 은근히

"어젯밤 꿈에 시부님의 영혼이 분명히 남방으로 가라고 가르쳐 주셨다. 마침 장사가 남방이라 두 부인이 가실 때에 수로 수천 리라 하시

더니, 이제 시부님 영혼이 남방으로 피신하라신 것은 필경 장사로 두
부인을 찾아가서 의탁하라는 뜻이니 어찌 빨리 떠나지 않으랴."
하고 떠날 준비를 하였으나, 배를 얻지 못하여 초조하게 배편을 기다리게
되었다.

이 때에 노복이 안으로 달려 들어오면서 서울 두 부인으로부터 교자
가 와서 사 부인을 맞아 가려고 하니 어찌하랴고 물었다.

"내 어젯밤에 찬바람에 촉상하여 일어나지 못하니, 몸이 나으면 수일
후에 갈 테니 교자를 가지고 온 하인을 보내라."
라고 노복에게 전갈시켰다. 그래서 냉진이 유괴하려고 보낸 인부들은 어
리둥절하였으나 하는 수 없이 돌아갔다. 냉진은 그 경과를 동청에게 보고
하고 앞으로 취할 방법을 의논하였다.

"사씨는 본디 지혜가 있는 여자라, 두 부인의 초청을 의심하고 칭병
으로 거절하였을 것이다. 이러다가 만일 두 부인의 편지를 위조하여
유괴하려던 계략이 탄로나면 화를 면하지 못할 것이다."

동청도 당황해서 실패를 자인하였다. 그러나 냉진은 아직도 실망하지
않고 강경한 방법을 취하자고 하였다.

"기왕 내친걸음이니 힘으로 해치웁시다."

"무슨 방법이냐?"

"힘 센 사람 십여 명과 가마꾼을 데리고, 산소 근처에 가서 잠복하였
다가 밤이 되거든 사씨를 납치해 오는 것이 좋을까 하오."

"그 여자가 우리 눈치를 알고 도망칠지도 모르니까 빨리 납치해다가
네 계집으로 삼아라."

냉진은 동청의 동의를 얻자, 곧 강도 수십 명을 인솔하고 사씨를 납
치하려고 달려갔다. 이 때 사씨는 남방으로 가는 배편을 얻지 못하고
초조하게 기다리다가, 마침내 남경으로 가는 장삿배를 발견하고 노복과

함께 달려가서 태워 주기를 간청하였다.

천만 다행으로 그 장사꾼이 일찍이 두 부인 댁에서 사씨 부인을 본 일이 있었으므로, 사씨 부인의 곤경을 동정하고 잘 태워다 줄 것을 약속하였다. 사씨 부인이 시부님 묘전으로 가서 하직 배례를 하고, 유모와 시비 노복 세 사람을 데리고 배에 올라 남방으로 향하여 먼 길을 떠났다. 사씨가 배를 타고 떠난 직후에, 냉진이 강도 수십 명을 데리고 유씨 산소 밑에 있는 사씨의 집을 밤중에 습격하였으나, 텅 빈 집에 주종의 인적은 묘연히 사라지고 없었다. 냉진이 놀라서 어이가 없는 듯이

"사씨는 과연 꾀가 많은 여자다. 우리의 계교를 벌써 알아채고 달아
났구나."

하고, 도리어 탄복하고 돌아와서 또 실패한 경과를 동청에게 보고하였다. 동청과 교씨는 사씨를 잡지 못하고 놓친 것을 분하게 여겼다.

이 때 사씨 부인은 배를 타고 남방으로 향하여 갈 제, 만경창파에 바람이 일고 파도가 하늘에 닿을 듯이 거칠어서 배를 나뭇잎처럼 희롱하였다. 이렇게 위험해진 풍랑 속을 가던 장삿배들의 닻 감는 소리가 물 깊이를 짐작시켰고, 양자강 양안의 산협에서는 원숭이 떼가 우는 슬픈 소리가 조난당한 선객들의 마음을 더욱 산란케 하였다. 이런 조난선 가운데서 사씨는 불행만 계속되는 자기의 신세를 한탄하여 마지않았다. 규중 열녀의 몸으로 더러운 죄명을 쓰고 시집을 쫓겨난 사람이 되었다가, 박해를 피하여 장사로 도망치며, 이제 만경창파의 일엽편주에 운명을 맡겼으니, 오장이 뒤집히고 가슴이 무너지는 듯하였다.

사씨는 마침내 통곡하며 하늘에 호소하였다.

"하늘이 어찌 이런 인생을 내시고, 명도의 기구함을 이처럼 점지하셨
습니까?"

유모도 따라서 슬프게 울다가, 울음을 그치며 부인을 위로하였다.

"하늘이 높으시나 살피심이 밝으시니, 부인의 앞길도 머지않아서 트일 것입니다."

"내 팔자가 기박하여 너희들까지 고생을 시키니 마음이 아프다. 나는 내 죄로 당하는 고생이지만, 유모와 차환은 무슨 죄랴. 이것은 나 같은 주인을 잘못 만난 탓이니, 내가 어찌 민망하지 않으랴. 규중 여자의 몸으로 이 풍랑이 심한 물 위에 표류하니 장차 어찌 될 신세랴. 두 부인이 이런 사정을 알고 기다리시는 바도 아닌데, 시집을 쫓겨난 사람이 구차하게 살아서 장사로 구원을 바라고 가니 이 신세가 어찌 가련하지 않으랴. 차라리 이 물 속에 몸을 던져서 굴삼려의 충혼을 따를까 한다."

이처럼 주종이 서로 울고 위로하면서, 표류하던 배가 어느 곳에 이르렀을 때였다. 풍랑이 더욱 심해지고 사씨의 토삿병이 급해져서 정신을 차리지 못하게 되자, 배를 뭍에 대고 어떤 집에 들러서 병을 치료하게 되었다. 다행히 그 집의 여자가 매우 양순하여 사씨 일행을 극진히 대접하였으므로, 사씨가 감격하고 그 여자의 나이를 물었더니, 이십 세라는 처녀의 대답이었다. 사씨 부인은 그 여자의 용모가 곱고 마음의 의기가 장함을 사랑하는 동시에, 병으로 고생하는 과객에 대한 관대한 지성을 고마워하면서 친형제같이 수일 동안을 지냈다. 그 집 처녀의 덕택으로 병이 나아서 이별할 적에는 주객의 정의가 헤어짐을 여간 슬퍼하지 않았다. 사씨는 주인 여자에게 사례하려고 손에 끼었던 가락지를 주면서 치하하였다.

"이것이 비록 미미하지만, 그대 손에 끼고서 마음으로 보내는 정을 잊지 말아요."

"이 패물은 부인이 먼 길을 가시는데 노비가 떨어졌을 때도 긴요하실 터인데, 제가 어찌 받겠습니까?"

"여기서는 이미 장사가 멀지 않고, 그 곳에 가면 비용도 별로 들 것
같지 않으니, 사양하지 말고 받아 두오."

사씨가 굳이 주었으므로, 그 여자는 감사하게 받고 이별을 안타까워
하였다. 사씨 부인도 슬퍼하면서 그 집을 떠났다. 수일 후에는 노복이
노독과 풍토병에 걸려서 마침내 객사하고 말았다. 사씨 부인은 충성스
럽던 노복의 죽음을 슬퍼하고 배를 머물게 한 뒤에, 그의 시체를 남향
언덕에 정성껏 안장하고 떠났다.

그러나 거기서 얼마 가는 동안에 또다시 폭풍이 일어 파도가 집동같
이 솟으며 배를 덮치려고 하므로, 배는 위험을 피해서 동정호의 위수를
따라 악양루에 이르렀다.

이 곳은 옛날 열국 시대의 초나라 지경이라, 우의 순 임금이 순행하시
다가 창호 땅에서 붕거하시자, 아황과 여영의 두 왕후가 순 임금을 찾지

못하고 소상강에서 슬피 울 때, 그 피로 화한 눈물을 대숲에 뿌린 것이 대나무에 점점이 얼룩이 졌다는데, 그것이 유명한 소상반죽이 되었다는 전설을 남겼던 것이다. 그 후에 굴원이 충성을 다하여 왕을 섬기다가 간신의 참소를 받고 강남으로 축출되자, 이 곳에 와서 수간모옥을 짓고 지내다가 강물에 몸을 던져 버렸다. 또 한나라의 가의는 낙양 재사였으나 당의 권신에게 쫓겨서 장사에 와서 굴원의 충혼을 조문한 제문을 강물에 던져서, 이 곳을 지나는 사람들의 심회를 감동시켰다.

그러므로 그 슬픈 전설에 흐린 구름이 항상 구의산에 끼고, 소상강에 밤이 오고 황릉묘에 두견새가 울 때는, 비록 슬프지 않은 사람일지라도 저절로 눈물이 흐르고 탄식하게 되었으므로 천고의 의기가 서린 영지였다. 슬프도다. 사씨는 대갓집 주부로서 무거운 짐을 지고 정성을 다하여 장부를 섬기다가, 음부 교씨의 참소를 입고 일조에 몸이 표령하여 이 곳에 이르러서, 옛날 충의 인사들의 영혼을 조상하면서 자신의 신세를 생각하니, 어찌 슬프고 원통하지 않으랴. 악양루 밑에서 배를 내린 사씨 부인은 밤이 새도록 강가에 머문 배에서 기다리다가, 날이 밝은 후에야 비로소 인가를 발견하고, 유모와 시비를 거느리고 배에서 내렸다. 뱃사람들은 갈 길이 바쁘기 때문에 사씨에게 몸조심하라는 당부와 슬픈 이별 인사를 하고 떠나갔다.

이처럼 사씨는 천신만고 끝에 장사에 거의 다 왔다가, 풍랑에 밀려서 배에서도 내렸으므로, 창자가 촌절할 듯 아무리 생각하여도 죽을 수밖에 없게 되었다고 탄식하였다. 유모가 울면서 호소하였다.

"사고무친한 이 땅에 와서 또다시 앞길이 막혔으므로, 부인은 장차 어떻게 귀하신 몸을 보전하려 하십니까?"

"인생이 세상에 나면, 수요장단과 화복길흉의 천정한 운수임에, 일시의 액운을 굳이 근심할 바 아니지만, 이제 내 신세를 생각하니 자취 기화라 할 수밖에 없다. 옛말에도 하늘이 지은 화는 면할 수 있어도, 스스로 지은 화는 살아나지 못한다 하였는데, 내가 지금 중도에 이르러서 이같이 낭패하니, 다시 어디로 가며 누구를 의지하랴."

하면서 자탄하였다. 이 때 유모가 도리어 사씨 부인을 위로하여 말하기를,

"옛날의 영웅 호걸과 열녀 절부들도 이런 곤액을 당하지 않은 사람이 없습니다. 부인에게 지금 일시의 액화가 있으나, 그 억울함은 명천이 조람하시고 신명이 재방하여, 청풍이 흑운을 쓸어 버리면 일월을 다시 보실 것이니, 부인은 너무 낙심 마십시오. 어찌 일시의 액운에 지쳐서 천금 같은 몸을 돌보지 않으시렵니까?"

그러나 사씨 부인은 여전히 힘을 잃고 탄식만 하였다.

"옛날 사람들도 액운을 겪은 이가 하나 둘이 아니지만, 자연 구해 주는 사람이 있어서 몸을 보존하였다. 그러나 지금 내 처지는 그렇지

못하여 연연약질이 위로 하늘을 우러러 보지 못하고, 아래로 땅에 용납되지 못하니 어찌하랴. 구차하게 된 인생을 살려고 할 것이 아니라, 한 번 죽어서 옛날 사람처럼 꽃다운 이름을 나타내는 것이 하늘의 뜻이요, 결코 우연한 일이 아닐 것 같다. 강물이 맑아서 깊이가 천만 장이니, 마땅히 나의 뜻과 뼈를 감출 것이다."

하고, 강물을 향하여 뛰어들려고 하였다. 유모가 놀라서 사씨의 몸을 부여잡고 울면서 애원하였다.

"저희들이 부인을 모시고 이 곳에 이르렀으매, 부인이 죽으시려면 저희들도 함께 죽어 지하에서도 모시기를 원합니다."

"그것은 안 된다. 나는 죄인이니까 죽어도 마땅하지만 너희들은 무슨 죄로 나를 따라 죽는다는 말이냐? 도중에서 노자가 다 떨어졌으니, 너희들은 인가에 의탁하여 일을 해 주고 몸조심을 하다가, 북방 사람을 만나거든 내가 이 곳 강물에 빠져 죽었다는 소식을 고향으로 전해라."

하고 신신당부한 뒤에, 거기 선 나무의 껍질을 깎고 큰 글씨로, 모년 모월 모일 사씨 정옥은 시가에서 쫓긴 몸이 되어 이 곳에 이르렀다가 진퇴무로하여 몸을 이 강물에 던졌다고 썼다. 유서를 쓴 사씨는 붓을 놓고 통곡하였다. 유모와 시녀가 좌우에서 사씨를 붙잡고 슬퍼 우매 일월이 빛을 잃고 초목이 시들어서 슬픈 듯하였다.

어느덧 날이 어둡고 달이 떠서 달빛이 강 위에 처량하게 비치매, 사면에서 물귀신이 울어 대고, 황릉묘의 두견새가 처량하며, 소상강 대밭에서도 귀신 우는 소리가 끊임없이 들려서 악기가 사람을 침노하였다.

"밤기운이 몹시 차가우니 저 악양루에 올라 가서 밤을 지내고, 내일 다시 앞일을 선처하시기 바랍니다."

유모가 부인에게 권하자, 부인이 유모의 말을 따라서 악양루로 올라

갔다. 조각으로 된 들보가 하늘에 높이 솟아 소상강 물에 임하였는데, 오색 구름이 악양루를 둘러 싸고 달빛이 난간에 은은히 비치매, 시인 묵객이 읊어 쓴 글귀의 현판이 벽에 무수히 걸려 있었다. 사씨가 그 광경을 보고 길이 탄식하면서

"이 악양루는 강호에 유명한 곳이지만, 영웅 호걸과 절부 열녀들이 이렇게 많이 이 곳에 인연을 맺은 줄 알았으랴. 내 비록 표박중이나 이 곳에 온 것이 또한 우연한 일이 아니다."

하고, 노주 세 사람이 그날 밤을 누상에서 지냈다. 이튿날 새벽에 누 밑에서 소란한 사람의 소리가 나며, 수십 명이 누상을 향하여 올라왔다. 그들은 서울 사람들로서 이 곳에 왔다가 악양루의 해 뜨는 경치를 구경하려고 올라온 일행이었다.

사씨 부인은 갑자기 사람들이 나타났으므로, 유모를 데리고 뒷문으로 빠져 강변의 숲으로 와서 말하였다.

"날이 밝았으나 노자가 없고 의탁할 곳이 없으니 장차 어디로 가랴. 아무리 생각하여도 강물 속으로 몸을 감추는 수밖에 없다"

하고, 사 부인이 또 강물에 몸을 던지려고 하였다. 유모와 시비가 망극하여 통곡하였다. 사씨는 종일 굶주리고, 잠을 자지 못하여 지칠 대로 지쳤으므로 잠시 유모의 무릎에 기댄 채 깜박 졸았다. 그 때 비몽사몽간에 한 소녀가 와서

"저의 낭낭께서 부인을 모셔 오라는 분부로 왔습니다."

하고 어디로인지 인도하며 가자고 하였다.

"너의 낭낭이 누구시냐?"

"저와 함께 가시면 아실 것입니다."

사씨 부인이 그 소녀를 따라서 어떤 곳에 이르니 고대광실의 전각이 강가에 즐비하게 빛나고 있었다. 소녀가 사씨 부인을 인도하여 그 전각

안으로 들어갔다. 중문을 몇 개나 지나서 들어가자, 큰 대궐 위에서 이리로 올라오라는 지시가 내려졌다. 사씨가 전상으로 올라가서 보니, 좌우에 두 분의 낭낭이 황금 교의에 앉아 있고, 고귀한 여러 부인들이 모시고 있었다. 사씨 부인이 예를 마치자 낭낭이 자리를 권하고,

"우리는 다른 사람이 아니라, 순 임금의 두 비다. 옥황상제께서 우리의 정사를 측은히 여기시고 이 곳의 신령으로 삼으신 고로, 여기서 고금의 절부 열녀를 보살피면서 세월을 보내고 있다. 그런데 그대가 한때의 화를 만나고 이 곳에 오게 된 것은 모두 하늘이 정한 운명이다. 그대가 아무리 죽으려 하여도 아직 죽을 때가 아니므로 허락할 수 없으니 마음을 진정하라."

사씨가 자리에서 일어나서 사례하고 낭낭의 덕을 치하하였다.

"인간계의 비천한 여자로서, 항상 책을 통하여 성덕 열절을 우러러 사모할 따름이옵더니, 이제 여기 와서 앙배하올 줄 어찌 뜻하였겠나이까?"

"그대를 청한 것은 다름 아니라, 그대가 천금 몸을 헛되게 버려서 굴원의 뒤를 따르려 하니 이는 천도가 아니니라. 그대의 호천 통곡은 천도가 무심함을 한함이니, 이는 평일의 총명이 옹폐함이요, 그대의 액운이 비상한 탓이다. 그러므로 특별히 의논하고 오래 쌓인 회포를 듣고 위로해 주고자 한 것이다."

"낭낭의 분부가 이러하오니, 미첩이 품은 소회를 아뢰겠나이다. 저는 본디 한미한 사람입니다. 일찍 엄부를 잃고 자모 슬하에 자랐으매, 배운 바가 없어서 행실이 불미하던 중 시부가 별세한 뒤에 크게 변하여, 남산의 대를 베고 동해의 물을 기울여도 씻지 못할 누명을 쓰고 낯을 가리고 시가의 문을 하직하고 나왔습니다. 그 후에 눈물을 뿌려 시부의 묘하에 하직하고, 강호를 유랑하다가 몸이 소상강에 이르러

진퇴궁진하여 앙천장탄하였으나, 하는 수가 없어서 천장수심에 임하니, 한 터럭 같은 일신을 어복에 장사 지낼 결심을 하였습니다. 이와 같이 아녀자의 마음이 망령되어 이 잘못을 깨닫지 못하고, 호천통곡하여 낭낭께서 들으시게 됨에, 심려를 끼쳤사오니 죽어도 아깝지 않습니다."

"모든 일이 천정한 바로서 인력이 아닌데, 그대가 어찌 굴원의 뒤를 따르며 하늘을 원망하겠느냐? 하늘이 이미 나라를 멸망시키고 원한을 시원케 하시니, 임금이 죄를 다스리고 충신의 이름이 나타나서 천 백 세에 유전된 것이다. 그 옛일을 비겨서 보면 처음에는 곤액하나 장래에는 복록이 무량함이니, 어찌 그 때를 기다리지 않고 자결하겠느냐? 우리 형제(아황과 여영)는 규중 약녀로서 배운 바 없으되, 시가를 조심하여 섬김을 옥황상제가 가엾게 여기시고 기특히 여기셔서 이 땅의 신령으로 봉하여 그윽한 음혼을 다스리게 하였으매, 이 좌상의 여러 부인은 모두 현부 열녀이므로 이따금 풍운의 힘을 빌어 이 곳에 모여 서로 위로하매, 세상의 영욕이 어찌 문제가 되랴. 유가는 본디 적선지문인데, 오직 유 한림이 조달하여 천하사를 통하나, 골격이 너무 증청한 고로 하늘이 재앙을 내리사 크게 경계코자 잠깐 이리 하다가, 좋은 때가 오면 다시 재앙을 없이 하실 것이다. 그런데 그대는 어찌 그것을 모르고 조급히 구느냐? 그대를 참소하는 자는 아직 득의하여 방자 교만하지만, 그것은 마치 똥벌레가 제 몸 더러운 줄을 모르는 것과 같으니, 어찌 더러운 것과 곡직을 다투겠느냐? 하늘이 장차 벌을 내리셔서 보응이 명백해질 것이다."

"어리석은 저를 이처럼 위로하시고 격려하여 주시니 감사하옵니다."

"그대 온 지가 벌써 오래 되었으니, 내 말을 알았거든 빨리 돌아가라."

"제 허물을 낭낭께서 더럽다 하시지 않으시고 목숨을 구해 주시려 하오나, 돌아가도 의탁할 곳이 없으매 속절없이 강물에 몸을 감추겠사오니, 낭낭께서는 저의 정상을 살피시고 이 말재를 시녀로 삼아서 이곳에 참례케 하여 주십시오."

하고 사씨 부인이 다시 애원하였다. 낭낭이 그 말을 듣고 웃으며

"그대도 나중에는 이 곳에 머무르게 되려니와 아직 때가 마땅치 않으니 빨리 돌아가라. 남해 도인이 그대와 인연이 있으니, 그에게 잠깐 의탁함이 또한 천의로다."

"제가 전에 들은 바에 의하면 남해는 하늘 끝이라 길이 요원하다는데, 이제 노자 한 푼도 없이 어떻게 거기까지 가겠습니까?

"연분이 있어서 자연 가게 될 것이니, 그런 염려는 말고 어서 돌아가라."

하고 동벽 좌상에 용모가 미려하고 눈이 별같이 빛나는 자를 가리키면서, 위국 부인이라 하고, 또 한 사람을 가리켜서 반첩녀라 하며, 동한 때의 교대가와 양 처사의 처 맹광이라고 일러 주었다. 그리고 이미 여기 왔으니, 옛사람의 이름을 서로 소개하는 것이라고 웃어 보였다.

"오늘 여기 와서 여러 부인의 면목을 뵈오니, 뜻하지 않던 영광이옵니다."

하고 두루 예하자, 여러 부인들도 미소로 답례하였다. 사씨 부인이 하직하고 물러서려고 하자 낭낭이,

"매사를 힘써 하면 오십 후에 이 곳에 자연 모이게 될 것이니, 그 때까지 세상에서 몸을 조심하라."

하고, 청의 동녀를 명하여 사씨를 모시고 가라 하므로, 사씨가 전상에서 계하로 내리매 전상에서 열두 주렴 내리는 소리가 차르르 하고 맑게 울렸다. 그 소리에 놀라서 정신을 차리니, 유모와 시녀가 사씨 부인이 오래 기

절한 것을 망극히 여기다가, 사씨의 소생을 반기며 구원하였다. 사씨가 일어나서 얼마나 잤느냐고 물으니, 기절한 뒤 서너 시간이나 되었다 하면서 소생한 것을 신기하게 여겼다.

"부인께서 기절하셔서 저희들이 당황하여 백방으로 구완하다가, 이제야 정신을 차리셨습니다."

하고, 그 동안의 경우를 고하자 사씨도 낭낭을 만나 보고 온 이야기를 자세하게 하고

"아무래도 보통 꿈과는 다르니, 내가 그 곳으로 가던 길을 찾아가 보자."

하고, 소상강가의 대밭으로 들어가니, 과연 한 묘당이 있고, 현판에 황릉묘라고 써 있었다. 이것은 아황·여영 이 비의 사당으로서, 사 부인이 꿈에 본 장소와 같으나 건물의 단청이 퇴색하고 황량하기 말이 아니었다. 사당 안으로 들어가서 전상을 바라보니, 이 비의 화상이 꿈에 보던 용모와 조금도 다름이 없었다. 사씨가 분향하고 축원하는 말이

"제가 낭낭의 가르치심을 입사와 길할 때를 기다리며 낭낭의 성덕을 믿고 잊지 않겠습니다."

축원을 마치고 사당을 물러나서 서편 언덕에 앉아 신세를 생각하고 여전히 슬픈 회포를 탄식하였다. 그리고 묘지기 집에 가서 밥을 얻어오게 해서 세 사람이 모두 먹었다.

"우리 셋이 방황하여 의지할 곳이 없으나 이것은 신령께서 야속하게 희롱하심이다. 낭낭의 말씀대로 참는 데까지는 참아 보자."

하고 탄식하는 동안에 해가 서산에 지고 달빛이 떠서 몽롱하게 주위를 비쳤다. 묘 안에 들어가서 사방을 살펴보니, 밤은 깊어만 가고 짐승 소리가 여기저기서 들려 왔다. 사씨가 곰곰이 생각하되

"사람이 세상에 나면 부귀 빈천이 팔자 소정이나, 여자로서 억울한

누명을 쓰고 갖은 고초를 겪으며 이 곳에 와서 의탁할 곳이 없으니,
아무리 아황·여영의 영혼의 위로하는 말씀이 있었으나 역시 죽어서
만사를 잊어버리는 것이 상책이다."
하고 또다시 죽을 생각을 하였다. 이 때 홀연히 황릉묘의 묘문이 열리고,
두 사람이 들어와서 물었다.

"부인이 또한 고초를 당하고 물에 빠지려고 하십니까?"
사씨 부인이 놀라서 바라보니, 하나는 여승이요 하나는 여동이었다.
"그대들은 어떻게 우리 일을 아는가?"
여승이 황망히 읍하고 합장하면서
"소승은 동정호 군산사에 있는데, 아까 비몽사몽간에 관음보살님이
나타나셔서 '어진 사람이 환란을 만나서 갈 바를 모르고 강물에 빠지
려고 하니 빨리 황릉묘로 가서 구하라' 하시므로 급히 배를 저어 왔

는데, 과연 부인을 만났으니 부처님 영험이 신기합니다."

"우리는 죽게 된 사람이라 존사의 구함을 받으니 실로 감격하나, 존사의 암자가 멀고 가더라도 폐가 될까 합니다."

"출가한 사람이 본디 자비를 일삼는 처지이며, 하물며 부처님의 지시로 모시려고 왔는데 그게 무슨 말씀이오니까?"

하고 세 사람을 밖으로 인도하여 강가로 내려와서 배에 태우고 여동에게 노를 저어 가게 하자, 순풍을 만나서 순식간에 군산사에 이르렀다. 이 섬의 산은 동정호 가운데 솟아 있으므로 사면이 다 물이요, 산은 푸른 대숲으로 덮여서 인적이 드문 곳이었다. 여승이 배에서 내려 사씨를 부축하고 길을 찾아갔으나, 사씨의 기운이 파하였고 산길이 험해서 열 걸음에 한 번씩 쉬면서 암자에 이르렀다. 수월암이라는 이 절은 매우 한적하고 정결하여 인세를 떠난 선경이었다.

사씨는 몸이 피곤해서 곧 잠이 들어, 이튿날 아침까지 깨지 못하였다. 여승이 먼저 일어나서 불당을 소제하고, 향을 피우고 경자를 치며, 부인을 깨워 예불하라고 권하였다. 사씨가 유모들과 함께 불당에 올라 분향 배례하고 눈을 들어 부처를 쳐다본 순간에, 문득 놀라며 눈물을 흘렸다. 알고 보니, 그 부처는 다른 불체가 아니라, 사씨가 십육 년 전에 찬을 지어서 쓴 백의 관음의 화상이었다. 그 화상에 쓴 찬의 자기 글씨를 보니 자연 놀라움과 슬픈 회포를 금할 수 없었던 것이다. 그 모양을 본 여승이 또한 깜짝 놀라서

"부인의 말씀이 그러실진대, 신성현 땅의 사 급사 댁 소저가 아니십니까?"

"그렇습니다. 스님이 어찌 내 신분을 아십니까?"

"부인의 용모와 음성이 본 듯해서 이상하게 생각하였습니다. 소승 역시 그 때, 저 관음화상의 찬을 당시의 소저에게 받아 간 우화암의 묘

혜입니다. 소승이 유 대감 댁의 명을 받고 부인에게 관음찬을 받아다가 보인즉, 크게 칭찬하시고 아드님 유 한림과 혼인을 정하셨던 것입니다. 소승도 부인의 혼사를 보려고 하였으나, 스승이 급히 부르셔서 산으로 돌아왔으므로 참례를 못하였습니다. 그 후에 소승은 스승 밑에서 십 년을 수도하였으나, 스승이 입적하신 후에 이 곳에 와서 암자를 짓고 공부하면서 불상을 예배하고, 부인이 쓴 글과 필적을 볼 적마다 부인의 옥설 같은 용모를 생각해 왔습니다. 그런데 부인은 어찌하여 이런 고생을 하게 되었습니까?"

사씨 부인이 유 한림의 부인이 된 후의 전후 사실을 자세히 들려 주자, 묘혜가 탄식하면서 사씨를 위로하였다.

"세상일이 항상 이러한 법이니 부인은 너무 슬퍼하지 마십시오."

부인이 감개무량해서 다시 관음불상을 우러러보니, 외로운 섬 가운데 있는 한적한 절간에서 생기 유동하여 완연히 살아 있는 듯하고, 사씨가 소녀 시절에 지은 찬사가 또한 자기유락함을 그린 그 경지와 흡사하였다.

"세상 만사가 모두 하늘이 정한 운수이매 인력으로 어찌하랴. 그러나 관음보살을 매일 분향하여 공양 기도하고, 떼어 놓고 온 어진 인아를 다시 만나야겠다."

고 축원하며, 남자로 변복하였던 것을 여자옷으로 갈아 입었다. 묘혜가 조용한 때 사씨 부인을 보고

"부인이 이제 여기 와 계시나, 왜 복색을 갈아입으십니까?"

"내가 자비로운 부처님과 스님의 보호를 받고 신변이 안전한데, 어찌 어색한 변복으로 지내겠습니까?"

"그렇게 마음이 안정되신 것을 소승은 고맙게 여깁니다. 그런데 유 한림은 현명한 군자이시니까, 한때 참언에 속더라도 머지않아 일월같

이 깨닫고, 부인을 화거주륜으로 맞아갈 것입니다. 소송이 일찍이 스승에게 수도하여 주도 약간 알고 있으니, 부인의 사주를 보아 드리겠습니다."

부인이 자기의 생년 월일시를 말하자, 묘혜는 한동안 침음하며 점을 친 뒤에 크게 기뻐하며 풀이를 하였다.

"부인의 팔자는 앞으로 대길합니다. 초년은 잠깐 재앙이 있으나 나중에는 부부와 모자가 다시 화락하여 복이 무궁하실 것입니다."

"아아, 그 말씀을 믿고는 싶으나 어찌 안심하겠습니까? 이 박명한 인생이 스님의 과장하신 복을 어찌 받을 수 있겠습니까?"

하고 한담하는 동안, 도중에 배가 풍랑을 만나고 병이 나서 어떤 인가에 들러서 휴양한 이야기와, 어진 주인 여자의 은덕을 입은 일을 칭찬하였다. 그러자 묘혜가 그 말을 듣고

"그 여자가 소승의 질녀였습니다."

하고 뜻밖의 말을 하므로 사씨가 의아해서 물었다.

"스님의 질녀라뇨?"

"이름이 취영이라 하지 않던가요? 제 어미가 그 애를 강보에 두고 죽자 제 아비가 변씨를 후처로 취했는데, 그 후 아비가 죽으니까 계모 변씨가 취영이를 소승에게 맡겨서 삭발시키라 하지 않겠어요? 그래서 내가 그 애의 관상을 보니 귀자를 많이 두고 복록을 누릴 상이라 변씨에게 데리고 살도록 권하였는데, 요사이 들으니 효성이 지극하여 모녀가 잘 산다더니 부인이 오시던 도중에 우연히 만나 보셨습니다그려."

"역시 스님의 인연으로 그 질녀의 덕을 보았던 모양입니다. 세상에서 얻기 어려운 것은 사람의 마음이라, 나도 사람의 마음을 얻지 못하여 누명을 쓰고 쫓기는 사람이 되어서 이런 신세가 되었으니 어찌 슬프

지 않겠습니까?"

"모두 하늘이 정하신 운수입니다. 부인과 소승이 잠시 인연이 있으나 어찌 이런 곳에 계시겠습니까?"

사씨 부인이 묘혜의 말을 듣고 슬퍼하며

"내가 이 곳으로 온 것을 후회하겠습니까마는, 집을 떠나 있으매 집에 남은 인아의 신세가 외로운 것이며, 그 생사조차 모르고, 또 근자에는 한림의 심정이 변한데다가 집안에 요인이 있어서 나를 해치고자 하다가 뜻을 이루지 못하였으므로 한림의 신상에 화가 미칠까 염려하던 중, 내가 시부님 묘하에 있을 때 시부님 영혼이 현몽하셔서 일러주신 말씀이 육 년 후 사월 십오일에 배를 백빈주에 대었다가 급한 사람을 구하라고 신신당부하셨는데, 어떤 사람이 그 때 급화를 만날지 모르겠습니다."

"유 한림은 오복이 구전지상이요, 유문은 적덕지가이매 어찌 요화가 오래 침노하겠습니까? 그리고 백빈주의 급한 사람을 구하라 하신 말씀은 때를 어기지 말고 구하십시오. 유 상공은 본디 고명하신 분이었으니까, 영혼인들 어찌 범연하시겠습니까?"

사씨 부인도 묘혜의 말이 옳다고 생각하고, 수월암에 머물면서 세월을 보냈으나 그냥 한가롭게 놀지 않고 바느질과 길쌈을 부지런히 하여 절의 신세에 보답하였으므로, 묘혜도 기뻐하고 부인을 극진히 공경하였다.

이 때 교씨는 본실의 지위로 정당에 거처하면서 가사를 총괄하매, 간악이 날로 더하여 비복들도 교씨의 혹독한 형벌을 견디지 못하고, 사씨의 인자한 대우를 그리워하였다. 교씨는 아래로는 비복을 학대하고, 간악한 십랑과 공모하여 한림의 총명을 흐리게 하는 요물들을 끌어들여서 집안을 혼탁하게 만들고 있었다.

교씨는 한림이 조정에 입번할 때는, 그 틈을 타서 동청을 백자당으로 청하여 음란한 추행으로 밤을 새웠다. 교씨가 그날 밤에도 동청을 데리고 백자당에서 잤다. 날이 밝으매 동청은 외당으로 나가고, 교녀는 피곤하여 늦도록 일어나지 못하고 있었다. 마침 한림이 출번으로 집에 돌아와서 정당에 이르매 교씨가 보이지 않았다. 시비에게 물으니 백자당에 있다는 대답이었다. 한림이 곧 백자당으로 가서, 아직도 전날 밤의 난잡한 몸매로 자고 있는 것을 보자 힐문하였다.

"왜 여기서 자는 거요?"

"요즘 정당에서 자면 꿈자리가 뒤숭숭하고 기운이 좋지 않아서, 어젯밤에 여기서 잤습니다."

"그대 역시 그 방에서 자면 몽사가 흉하던가? 나도 잠만 들면 꿈자리가 번잡하여 정신이 혼침하고 입번으로 나가서 자면 편안해서 이상하더니, 그대 역시 그렇다니 복술 잘 하는 사람을 불러다가 물어보는 것이 어떨까?"

교씨는 백자당으로 숨어서 동청과 간통한 사실을 한림이 알아챌까 겁내던 차에 한림이 그런 말을 하므로 안심할 뿐 아니라, 좋은 기회라고 기뻐하였다.

이 때 황제가 서원에서 기도를 일삼으며 미신에 빠져 있으므로, 가의태우 서세가 상소하여 간하고 간신 엄 승상을 논핵하자, 황제가 크게 노하여 서세를 삭직하고 멀리 귀양 보냈다. 이에 대하여 유 한림이 서세의 충성을 변호하고 그를 구하려고 상소하였으나 황제가 역시 질책하시고 신하에게 조서를 내려서,

"이후로 짐의 기도를 막는 자가 있으면 참하라."

고 엄명을 내렸다. 이 때 도관에 도진인이라는 사람이 있었는데, 유 한림과 친한 사이였다. 하루는 도진인이 한림을 문병차 방문했다. 한림이 사

람을 다 보낸 뒤에 진인만 머무르게 하고 내실로 데리고 가서, 이 방에서 자면 흉몽을 꾸게 되니 무슨 악귀의 장난이냐고 물었다. 진인이 방 안의 기운을 살피더니

"비록 대단치 않으나 역시 기운이 좋지 않소이다."

하고, 하인을 시켜서 벽을 뜯고 방예물의 목인 여러 개를 꺼내서 한림에게 보였다.

한림이 대경실색하자 진인이 껄껄 웃고

"이것은 굳이 사람을 해하려함이 아니요, 오직 시첩이 한림의 중총을 얻으려는 마음으로 한 소행입니다. 옛날부터 이런 방예로 사람의 정신을 미란케 하는 계교니까, 이것만 없애 버리면 다른 염려는 없습니다."

하고 그 목인들을 곧 불살라 버리라고 권하였다.

"한림의 미간에 흑기가 가득 차 있고, 집안의 기운이 또한 좋지 않습니다. 이 때는 주인이 집을 떠나라고 술법에 나와 있으니, 조심하여 제액하십시오."

"삼가 명심하리다."

한림이 괴이하게 여기고 진인에게 후사하여 보냈다. 한림은 진인의 신기한 도술에 경탄한 뒤에 문득 깨닫는 바가 있었다. 지금까지는 집안에 이런 일이 있으면 사씨를 의심하게 되어 있었는데, 지금은 사씨도 없고 방을 고친지도 얼마 되지 않았는데 이런 요물이 나왔으니, 반드시 집안에 악사를 꾸미는 자가 있다고 생각하였다.

그러고 보니 사씨가 억울한 누명을 쓰고 쫓겨난 것이 아닐까 하고 의심하게 되었다.

원래 이 일은 교씨가 십랑과 공모한 계교였는데, 교녀가 동청과 백자당에서 동침한 사실을 숨기려고 창졸간에 꾸며낸 핑계였다. 그 내실에

서 자면 꿈자리가 나쁘다 한 것이 결국 도진인의 도술로 발각되고 말았던 것이다. 한림이 교씨의 짓인 줄 깨닫지 못하고 오랫동안 정신이 흐려졌으나, 비로소 전일의 총명이 다시 소생한 셈이었다. 한림은 머리를 숙이고 과거 사오 년 동안 지낸 일을 곰곰이 반성하고, 비로소 악몽을 깬 듯이 스스로 부끄러웠다.

이 때 마침 장사로부터 고모 두 부인의 편지가 왔다. 그런데 두 부인은 아직도 사씨를 집에서 쫓아낸 사실도 모르고, 사씨의 일을 신신당부한 사연이 더욱 한림의 반성을 촉구하였다.

'고모께서 사씨를 축출한지 여러 해가 되었는데, 아직도 모르는 것이 의아스럽다. 그리고 사씨가 결코 방탕하지 않으므로, 옥지환 사건도 어떤 자의 농간이 아닌가?'

하고 새삼스럽게 의심하게 되었다. 눈치가 빠른 교씨는 한림의 기색이 전과 달라진 것을 보고 그 기위가 늠늠해진 한림에게서 감히 요괴로운 수탈을 피우지 못하게 되었다. 그리고 지금까지 사씨를 음해한 계교가 탄로나지나 않을까 두려워 동청에게 상의하였다.

"요즘 한림의 기색을 보니 그전과는 아주 딴 사람이 되었어요. 우리 양인의 관계를 눈치 챈 듯하니 어쩌면 좋겠어요?"

"우리 관계를 집안의 비복들이 모를 리 없으되, 지금까지 한림의 귀에까지 들어가지 않은 것은 부인을 두려워했기 때문인데, 지금 갑자기 기운을 잃고 약해지면 참소하는 자가 많을 테니 그렇게 되면 죽어도 묻힐 땅이 없을 것입니다."

"사세가 이렇게 되었으니 어찌 하면 좋아요? 나는 궁리가 나지 않으니 당신이 좋은 방법을 생각해서 우리 두 사람의 화를 면하게 해 주어요."

교씨는 간부 동청에게 애원하였다.

"한 가지 방법이 있습니다. 옛말에 남이 나를 해치기 전에 내가 먼저 그를 해치라 하였으니, 좋은 기회를 노려서 한림의 음식에 독약을 섞어 먹이고, 우리 둘이 백년해로합시다."

간악한 교씨도 이 끔찍한 계획에는 한참 동안 침울하게 생각하였으나, 결국 한림을 죽이지 않으면 제가 잡혀 죽으리라는 두려움에서

"결국 그럴 수밖에 없군요. 그러나 사전에 누설되면 큰 일이니, 둘이만 극비로 일을 진행시킵시다."

교씨와 동청이 이런 끔찍스러운 음모를 하는 줄도 모르고, 한림은 마음이 울적해서 친구를 찾아다니며 한담이나 하며 기분을 풀려고 하였다. 하루는 교씨와 동청이 한림 없는 틈을 타서 깊은 방에 숨어서 은근히 정을 나누고 한림을 해칠 계획을 상의하다가, 책상 서랍에서 우연히 한림이 쓴 글을 얻어 보게 되었다. 동청은 그 글을 읽고 희색이 만면해지더니,

"하늘이 우리 두 사람으로 백년가우가 되게 해 주실 테니 부인은 아무 걱정 말아요."

교씨가 의아하여 동청의 손을 잡아 흔들면서

"그게 정말이오? 무슨 징조가 있나요?"

"요전에 황제께서 조서를 내려서 황제의 기도 행사를 금하려고 간하는 자는 참하라 하여 계신데, 지금 한림이 쓴 이 글을 보니, 엄 승상을 간악 소인에 비하여 비방하고 있습니다. 이 증거가 되는 글을 갖다가 엄 승상에게 보이면, 엄 승상이 황제께 알려서 엄형에 처할 것이 아닙니까? 그러면 우리 양인은 마음 놓고 백년을 즐겁게 살 수 있지 않습니까?"

"아이, 좋아라!"

교녀가 반색을 하고, 제 볼을 동청의 볼에 대고 문지르면서 교태를

부리며 시시덕거렸다.

"이번 계획은 공명정대한 나라의 위엄으로 처리하게 됐어요. 요전에 독살하려던 계획은 위험해서 걱정이더니, 참 잘 됐어요. 역시 당신 말처럼 하늘이 우리 사랑을 도와 주신 거지요."

하고 음란한 행색이 더욱 해괴하였다. 동청은 교씨와 껴안고 뒹굴던 몸을 털고 일어서서, 소매 속에 유 한림의 글을 넣고 곧 엄 승상 댁으로 가서 승상을 만났다.

"그대는 누구이며, 어찌 왔는고?"

"저는 한림학사 유연수의 문객입니다마는, 그 사람이 승상님과 나라에 반역 죄인인 것을 알기 때문에 참지 못하여 그 비행을 알려 드리려고 왔습니다."

엄 승상은 평소에 못마땅하게 여기던 유 한림의 약점을 알리러 왔다는 말에 귀가 번쩍 뜨였다.

"그래? 그가 나를 어떻게 모해하던가?"

"그 사람의 논을 들으면 항상 엄 승상을 해치려고 하더니, 어제는 술에 취해서 저에게 하는 말이, 엄 승상은 군부를 그르치는 놈이라고 욕하면서 모든 일을 송휘종 시절에 비하였습니다. 황제께서 엄명을 내려 상소는 못할지라도 글을 지어서 내 뜻을 풀리라 하고 이 글을 쓰기에, 글 뜻을 제가 물으니 승상을 옛날의 유명한 간신들에게 비유하였으며, 짐짓 묘한 풍요의 글이라고 자랑하였습니다. 그래서 제가 속으로 분격하고, 이 글을 훔쳐서 승상에게 드립니다."

하고 동청은 그럴듯한 거짓말을 붙여서 참소하였다.

엄 승상이 글쓴 종이를 받아서 본즉 과연 천서와 옥배의 간악을 풍자해서 지은 글이 분명하였다. 엄 승상이 잘되었다는 듯이 냉소하고

"흠, 유연수 부자만이 내게 항복하지 않고 음으로 양으로 나를 거역

하더니, 망령된 아이가 나라를 희롱하고 나를 원망하니 이제 죽고 싶은 모양이로구나."

하고 그 글을 가지고 궁중으로 들어가서 황제를 만나고

"근래에 나라의 기강이 풀어져서 젊은 학자가 국법을 두려워하지 않으니 심히 한심하옵니다. 이제 성상께서 법을 세워 계시매 감히 상소치 못하고, 불출한 한림 유연수가 왕흠약의 천서와 진원평의 옥배로 신을 욕하오니, 신이야 무슨 욕을 먹어도 참을 수 있사오나 무엄하게도 성주를 기롱하오니, 마땅히 국법을 밝혀서 기강을 바로 세워야 할까 하옵니다."

하고 국궁 배례하고 유 한림 필적의 글을 증거품으로 어전에 바치었다. 황제가 그 글을 받아 보시고 대노하여, 유연수를 잡아서 옥에 가두고 장차 극형에 처하라고 하였다.

이 소문에 놀란 태우 서세가 상소하였다. 그전에 자기가 억울하게 엄승상에게 몰려서 귀양 간 때에 유 한림이 그를 구명하려고 상소하였다가 엄 승상의 미움을 받은 결과라고 생각한 서세가 이번에는 죽음을 각오하고 유 한림을 구하려고 올린 상소였다. '성상께서 충신을 죽이려하시는 그 죄상이 무엇인지 아지 못하오니, 청컨대 그 글을 내리셔서 만조 백관에게 알리게 하소서.'

황제가 서세의 이 상소문을 보시고

"유연수가 천서 옥배(나라가 문란한 것을 두려워하는 글)로써 짐을 기롱하니 사죄를 면하리요?"

이에 대하여 서세가 다시 아뢰되

"이 글을 보오니, 천서 옥배로 비유하여 성상을 기롱함이 분명치 않으며, 한무제와 송인종은 태평지주라 유연수가 죄를 입더라도 죽일 죄는 아닌데, 어찌 밝게 살피지 않사옵니까?"

황제가 이 말에 침음하시자, 승상 엄숭이 좌우에서 간언이 일어날 기세를 보고 심중에 불평이 북받쳤으나, 여러 조신의 이목을 가리우지 못하여 선심 쓰는 척하고

"서 학사의 말이 이러하오니 유연수를 감형하여 귀양 보냄이 마땅하옵니다."

황제가 허락하시자 엄 승상은 유 한림을 엄중히 경호하여 먼 북방의 행주 땅으로 귀양 보내라고 명하고 자기 집으로 돌아갔다. 그의 집에서 기다리던 동청이 불만을 품고

"그런 중죄자를 죽이지, 왜 살려서 귀양 보내는 벌에 그치게 하셨습니까?"

"나도 죽이려고 하였으나 조정에서 간언이 많아서 그러지는 못했으나, 행주는 수토가 험악한 북방이라 귀양간 자로서 살아 온 자가 없으니, 칼로 죽이는 거나 별로 다름이 없다."

동청이 그 말을 듣고서 안심한 듯이 기뻐하면서 교씨에게 알리려고 백자당으로 달려갔다.

유 한림이 벼락 같은 흉변을 만나서 귀양길을 떠나는 날 교씨는 비복을 거느리고 성 밖에 나와서 전송하면서, 거짓 통곡을 하며 한림에게

"한림께서 먼 곳으로 고생길을 떠나시는데, 첩이 어찌 떨어져서 홀로 살겠습니까? 한림을 따라가서 생사를 같이 하고자 하옵니다."

하고, 열녀답게 호소하였다.

"내 이제 흉지로 가서 생사를 기약하지 못하니, 그대는 집을 잘 지키고 조상의 제사를 받들며 아이들을 잘 길러서 성취시킬 직책이 있는데, 어찌 나를 따라가겠다는 말이오? 인아가 비록 사나운 어미의 소생이나 골격이 비범하니, 거두어 잘 기르면 내가 죽어도 눈을 감을 것이오."

"한림의 아들이 곧 제 자식이니, 어찌 제 배를 앓고 낳은 봉추와 조금이라도 달리 생각하겠습니까?"

"부디 부탁하오."

한림이 재삼 부탁하였다. 그리고 집사 동청이 보이지 않으므로 어찌 된 일이냐고 비복에게 물었다.

"집을 나간 지 삼사 일이 되었습니다."

한림은 그가 집을 나갔다는 말을 듣고 속으로 잘 되었다고 생각하였다. 이 때 호위하는 관졸이 재촉하므로, 비복 약간 명만 데리고 먼 귀양 길을 떠났다. 한림을 음해하여 귀양 보내게 한 동청은 그 후에 승상 엄숭의 가인이 되었다가, 엄숭의 세도로 인진되어 진유현 현령으로 출세하게 되었다. 이에 득의양양해진 동청은 교씨에게 사람을 보내서 기별하였다.

"내 이제 진유 현령이 되어 재명일 부임하게 되었으니, 함께 가도록 채비를 차리시오."

이 기별을 받은 교씨가 기뻐하면서 집안 사람들에게 거짓말로

"내 사촌형이 먼 시골에 살다가 병으로 세상을 떠났다는 부고가 왔으므로 가야겠다."

하고, 심복 시녀 납매 등 다섯 명과 인아 봉추 형제를 데리고, 남은 비복들은 자기가 다녀올 때까지 집을 잘 지키라고 이르고 길을 떠났다. 이에 인아를 맡아 기르던 유모가 따라가고자 원하였으나

"인아는 젖을 먹지 않아도 아무 관계가 없으니, 너는 가지 않아도 좋다."

하고 꾸짖어 물리쳤다. 그리고 집에 있던 금은 주옥을 비롯한 값진 재물을 모두 꾸려 가지고 갔으나, 그 눈치를 아는 사람도 감히 막을 수가 없었다. 집을 떠난 교씨는 사흘 동안 주야로 급행하여 약속한 지점에 이르

니, 동청이 부임 행차의 위의를 갖추고 벌써 거기 와서 기다리고 있었다. 그들 탕아 음부는 서로 만나서 이제는 저희들 세상이 되었다고 기뻐 날뛰었다.

"인아는 원수 사씨의 자식인데 데려다 무엇하겠소? 빨리 죽여서 화근을 없앱시다."

동청의 말을 옳게 여기고 시비 설매에게

"인아가 장성하면 너와 내가 보복을 당할 테니 빨리 끌어다가 물에 넣어서 자취를 없애 버려라."

하고 명하였다. 설매가 곧 인아를 안고 강가로 가서 물에 던져 버리려고 할 때, 천진난만한 어린아이는 금방 죽을 줄도 모르고 악마 같은 설매의 품 안에서 색색 잠을 자고 있었다. 이것을 본 설매의 마음에는 자기도 모를 측은한 생각이 들어서 눈물을 흘리며 혼잣말로

"사씨 부인의 인덕이 저 강물같이 깊은데, 내가 이제 그 자식마저 해치면 어찌 천벌을 받지 않으랴."

하고 차마 죽일 수가 없어서 인아를 강가의 숲 속에 감추어 두고 돌아와서 교씨에게 거짓말을 하였다.

"아이를 물 속에 던졌더니, 물 속에서 잠깐 들락날락하다가 가라앉아 보이지 않았습니다."

이 보고를 들은 교녀와 동청이 기뻐하고, 채선에 진수성찬을 차려서 비파를 타고 노래를 하면서 음란하기 형언할 수 없었다. 거기서 배를 내려 위의를 갖추고 육로로 진유현에 도임하였다.

한편 유 한림은 금의옥식으로 생장하여 높은 벼슬을 지내다가, 일조에 적객의 몸으로 영락하여, 귀양길을 촌촌전진하여 적소에 이르렀다. 도중의 고초가 참혹하였으며, 북방의 수토가 황량하고 험악할 뿐 아니라 주민들의 습관이 포악무도하였으므로 과거의 일을 회상하고 후회하

여 마지않았다.

　'사씨가 동청을 집사로 채용할 때부터 꺼려하더니, 그 슬기로운 사람
　봄을 이제야 깨달았다. 내가 화근을 자초하고 사씨를 학대하였으니,
　지하에 가서 무슨 면목으로 선조의 영혼을 대할 것이냐?'

하는 생각으로 한숨을 쉬는 동안에 자기도 모르게 눈물이 비오듯 쏟아졌
다. 이 때부터 주야로 심화가 가슴을 태워서 병이 되어 눕게 되었다. 그러
나 이 지방에서는 약을 구할 길이 없어서 병은 점점 위중해질 뿐이었다.
그러던 중 하루는 비몽사몽간에 한 노인이 와서

　"한림의 병이 위중하시니, 이 물을 잡수시고 쾌차하시기 바랍니다."

하고 권하였다. 한림이 이상히 여기고 물었다.

　"노인은 누구신데, 이 외로운 적객의 병을 구해 주시려고 합니까?"

　"나는 동차군산에 사는 사람입니다."

　그 말만 하고 물병을 마당에 놓고 홀연히 떠나가므로, 재차 물으려고
부르는 자기 음성에 깨어 보니 꿈이었다. 한림은 이상한 꿈이라고 생각
하던 차, 이튿날 아침에 노복이 뜰을 쓸다가 놀라며 중얼거리는 소리가
한림에게 들렸다.

　"뜨락 마른 땅에서 갑자기 웬 물이 솟아 나올까? 참 이상도 하다."

　한림이 목이 타서 신음하다가 창을 열고 내다보니, 물 나는 곳이 꿈
에 나타났던 노인이 물병을 놓고 간 그 장소였다. 한림이 노복에게 그
물을 떠 오라 해서 먹어 보니, 맛이 달고 시원해서 감로수같이 좋았다.
그 물 먹은 즉시로 한림의 병이 안개 가시듯이 낫고 기운이 상쾌해졌
으므로, 보는 사람들이 모두 신기하게 여기고 탄복하였다. 그 소문을 들은
지방 사람들이 모여 와서 먹고 모두 수토병이 나았으며, 그 후로는 행
주 지방의 수토병이 근절되고 말았다. 이에 감격한 사람들은 그 우물을
기념하기 위하여 학사천이라고 불러서 후세에까지 유명하게 되었다.

한편 동청은 교씨와 함께 진유현에 도임한 후에 백성에 대하여 탐람을 일삼았으며 세금을 가혹하게 받는 등 고혈을 착취하였으나, 그래도 부족했던지 황제에게 상소하여 승상 엄숭에게 가봉을 요청하였다.

  '진유 현령 동청은 고두 재배하옵고 수상 좌하에 이 글을 올리나이다. 소생이 미한한 정성을 다하여 승상을 섬기고자 하되, 이 고을이 산박하며 재화가 없으므로 마음과 같지 못하오니, 재정과 산물이 풍부한 남방의 수령을 시켜 주시면 더욱 정성을 다할 수 있을까 하옵니다.'

  엄숭이 이 기회에 수단가인 동청을 심복 부하로 만들려고 곧 남방 웅읍의 수령으로 영진시키려고 황제에게 진언하였다.

  "진유 현령 동청이 재기 과인하므로 큰 고을을 감당할 만하오니, 성상께서 적소에 주시기 바라옵나이다."

  "경이 보는 바가 그러하면 각별히 큰 고을의 수령으로 승진시켜서 그의 재능을 발휘하게 하라."

하고 곧 허락하셨다. 이 때 마침 계림 태수의 자리가 비어 있었으므로, 엄승상은 곧 동청을 금은보화가 많이 나는 고을로 영전시켰다. 그리하여 제 뜻대로 재물이 풍부한 계림의 태수가 된 동청은 교씨를 데리고 부임하여 탐관오리의 수완으로 백성의 고혈을 수탈하기에 분망하였다.

  때마침 황제가 태자를 책봉하는 나라의 경사가 있었으므로, 유 학사도 사은을 입었다. 그러나 곧 서울 본집으로 돌아오지 않고 척친이 있는 무창으로 향하였다. 여러 날 길을 가다가 장사 땅을 지나게 되었는데, 이 때가 마침 여름의 염천이라 더위로 여행이 어려웠다. 몸의 땀을 들이려고, 길가의 나무 그늘에서 쉬면서 전후사를 생각하였다.

  '내 신령의 도움으로 삼 년 동안의 귀양살이에서 심한 수토병도 면하였고, 또 천사를 입어서 돌아가게 되었으니, 북경의 처자를 데려다가

고향에 두고 어옹이 되어 성대의 한가한 백성으로 지내면 얼마나 즐거우랴.'

하고 외로운 몸을 스스로 위로하고 있었다. 이 때 갑자기 북쪽에서 왁자지껄하는 인성이 들리더니, 붉은 곤장을 든 관졸과 각색 기치를 든 하인들이 쌍쌍이 오면서 길을 치우라는 호통을 하였다. 한림이 무슨 어마어마한 행차인 줄 알고 얼른 몸을 숲 속으로 숨기고 보니, 한 고관이 금안 백마 위에 높이 타고, 수십 명의 부하를 거느리고 지나가고 있었다. 한림이 말에 탄 사람을 자세히 본즉, 분명히 자기 집에서 집사로 사용하던 그 간악한 동청이었다.

"아니, 저놈이 어떻게 높은 벼슬을 하고 이 지방을 행차해 갈까?"

의심하고 일행의 거동을 살펴보니, 그 일행이 자사가 아니면 태수의 지위임이 분명하였다.

'아하, 저 간사스러운 놈이 천하의 세도가 엄 승상에게 아부하여 저런 출세를 하였구나.'

하고 더욱 치밀어 오르는 분노를 느꼈다. 동청이 탄 백마가 지나간 뒤에, 곧 이어서 길 치우라는 관졸의 호통이 들리더니, 채의 시녀 십여 명이 칠보금덩을 옹위하고 지나갔다. 동청의 처의 일행이라고 짐작한 유 한림은, 그 행렬이 다 지나간 뒤에 다시 큰길로 나와 주점에 들러 점심을 먹었다. 이 때 맞은편 집에서 여자 한 명이 나오다가, 주점에서 점심을 먹는 한림을 보고 놀라면서 물었다.

"유 한림께서 어떻게 이런 곳에 와 계십니까?"

한림도 놀라서 여자의 얼굴을 자세히 보니, 그 여자는 다름 아닌 사씨의 시녀였던 설매였다.

"나는 이제 은사를 입고 귀양이 풀려서 황성으로 돌아가는 길이다마는, 너는 어떻게 이 곳에 왔느냐? 그래, 그 동안 댁내가 평안하냐?"

"대감님, 이리로 오세요."

설매는 황망히 유 한림을 사람 없는 장소로 모시고 가서 눈물을 흘리면서 목멘 소리로

"그 동안 댁에서 겪은 일을 다 아뢰겠습니다. 한림께서는 아까 지나가던 행차가 누구인지 아십니까?"

"동청이 무슨 벼슬을 하고 가는 모양이더라."

"뒤에 가던 가마 행차는 누구로 아셨습니까? 동해수를 기울여도 씻지 못할 원통한 일입니다."

"그야 필경 동청의 내자일 게 아니냐?"

"동 태수의 그 내권이 바로 교 낭자입니다. 소비도 일행을 따라가다가 말에서 떨어져서 옷을 갈아입으려고 저 집에 들렀다가, 뜻하지 않게 한림을 뵈옵게 되었습니다."

유 한림이 설매의 말을 듣고 기가 막혀서 한참 말을 못하다가, 이윽고 설매에게 다시 물었다.

"세상에 이럴 수가 있느냐! 좌우간 이렇게 된 자초지종을 자세히 말해라."

한림이 비통한 안색으로 재촉하자, 설매가 울면서 호소하였다.

"소비는 하늘을 속이고 주인을 저버린 죄가 천지에 가득하오니, 한림께서 관대히 용서하여 주십소서."

"내 지난 일은 탓하지 않을 테니, 숨기지 말고 말하라."

"사씨 부인께서는 비복을 사랑하셨는데, 불충한 소비가 우둔한 탓으로 교 낭자의 시비 납매의 꼬임에 빠져서 사씨 부인의 옥지환을 훔쳐내었으며, 교 낭자의 소생 장지를 죽였습니다. 그리고 그 죄를 사씨 부인께 씌워서 축출케 하는 계교에 방조한 것이 모두 소비의 죄이올시다. 그 근원은 모두 교 낭자가 동청과 사통하여 갖은 추행을 일삼

으면서, 요녀 십랑과 공모하여 꾸민 간계였습니다. 한림께서 행주로 귀양가시게 된 것도, 교 낭자가 동청과 함께 엄 승상에게 참소하여 꾸민 농간이었습니다. 그리고 한림께서 행주로 귀양가신 뒤에 교 낭자가 동청을 따라 도망할 때도, 형의 초상을 당하여 조상하러 간다는 거짓말을 하고 댁에 있는 보화를 전부 훔쳐 가지고 갔습니다. 소녀는 비록 배우지 못한 비천한 계집이나, 이런 해괴한 법은 꿈에도 생각지 못했던 일입니다. 또 교 낭자의 투기와 형벌이 혹독하여 시비를 악형으로 괴롭혔으매, 소비도 한때 이용은 당하였으나 언제 살해될지 모르는 목숨입니다."

하고 설매는 자기 소매를 걷고 팔뚝에 악형당한 흉터를 내보이면서 말을 이었다.

"미천한 제 신세라 어미 품을 떠나서, 호구지책으로 종의 몸이 되어 그런 포악한 상전을 만났으니 누구를 원망하오며, 제가 저지른 죄가 끔찍하오니 만 번 죽은들 어찌 속죄하겠습니까?"

한림이 설매의 보고와 참회하는 말을 듣다가, 인아도 죽이려고……하는 말에 이르러서 크게 실성하고 아찔해서 정신을 잃고 말았다. 이윽고 정신을 차린 한림은

"내가 어리석어서 음부에게 속아 무죄한 처자를 보전치 못하였으니, 무슨 면목으로 세상과 조상을 대하랴."

한림이 탄식하자, 설매는 인아를 죽이려던 경과에 대하여 말을 계속하였다.

"소비가 교씨에게 인아 공자를 물에 넣어 죽이라는 명을 받고 강가에까지 갔으나, 그 때 비로소 소비의 잘못을 뉘우치고 차마 교씨 말대로 할 수가 없어서 길가의 숲에 숨겨 두고 물에 넣었다고 거짓 보고를 하였습니다. 그러니 혹 어쩌면 인아 공자는 어떤 사람이 데려다

가 잘 기르고 있을지도 모릅니다. 다행히 그렇게라도 되었으면 제 죄의 만분지일이라도 덜어질까 하고 인아 공자의 생존을 신명께 빌어 왔습니다."

이 말을 들은 한림이 약간 미간을 펴고

"다행히 너의 그 갸륵한 소행으로 인아가 살았다면, 너는 그 애의 생명의 은인이다."

"밖에 저를 데리러 온 사람이 있으니, 지체하면 의심을 받을까 겁이 납니다. 떠나기 전에 한 말씀 급히 아뢰고 가겠습니다. 어제 악주에서 행인을 만나서 들은 소식이온데, 유 한림 부인께서 장사로 가시다가 풍랑을 만나서 물에 빠져 돌아가셨다는 말도 하고, 다른 사람은 어떤 사람의 도움으로 살아 계시다고 하며, 풍문이 자자하여 갈피를 잡지 못하겠으니 한림께서 수소문하여 알아보시고 선처하십소서."

하고 설매는 밖에서 부르는 동행 시비를 따라서 급히 나가 버렸다. 설매가 교씨의 행렬을 쫓아가자, 교씨가 의심하며 늦게 온 이유를 추궁하였다.

"낙마한 상처가 아파서 곧 오지 못하였습니다."

하고 핑계하였으나, 교씨는 의심이 많고 간특한 인물이라 설매를 데리고 동행해 온 시비에게 다시 물었다.

"설매가 옷을 갈아입고 나오다가, 그 앞집의 주점에서 어떤 관위를 만나서 한동안 이야기하느라고 이토록 늦게 되었습니다."

"그 사람이 누구더냐?"

"행주 땅에 귀양 갔다가 풀려서 돌아오는 유 한림이었습니다."

교씨가 깜짝 놀라서 행차를 멈추고 동청과 함께 선후책을 상의하였다. 동청도 대경실색하여,

"그놈이 죽어서 타향 귀신이 될 줄 알았는데, 살아서 돌아오니 만일 다시 득의하면 우리는 살지 못할 것이다."

하고, 건장한 관졸 수십 명을 뽑아서 유 한림의 목을 베어 오면 천금의 상을 주리라고 명하였다. 이런 소동이 일어난 것을 본 설매는 교씨에게 맞아 죽을 것을 겁내고 뒤로 가서 나무에 목을 매고 죽었으므로, 교씨는 그년 잘되었다고 기뻐하였다.

이 때 유 한림은 설매로부터 기막힌 소식을 듣고 힘없이 걸어가면서 생각하였다.

'내가 음부의 간교한 말을 듣고 현처를 멀리하여 자식을 보전하지 못하고, 일신이 이처럼 표박(떠돌아다님)하게 되었으니 만고의 죄인이다. 무슨 면목으로 지하에 가서 처자를 보겠느냐?'

하고, 악주에 이르러 강가를 배회하면서 부근 사람들에게 그 강물에 빠져 죽었다는 사씨의 소문을 알아보려고 하였으나 모두 모른다고 대답하였다. 한림은 그래도 단념하지 않고 끈덕지게 수소문하다가 어떤 노인을 만나 물었더니, 어느 해 어느 날 어떤 부인이 시녀 두어 명을 데리고 악양루에서 밤을 지내고 강가로 내려가는 것을 보았으나 그 후의 일은 모르겠다고 알려 주었다. 한림은 그것이 필경 사씨로서, 물에 빠진 것이 틀림없으리라고 더욱 실망하고 슬퍼하였다.

한림은 그 강가를 떠나지 못하고 사방으로 배회하다가 큰 소나무 껍질을 깎아 글씨를 쓴 것을 발견하였다.

'모년 모일 사씨 정옥은 이 곳에서 눈물을 뿌리고 강물에 몸을 던졌다.'

이 유서를 발견한 유 한림은 깜짝 놀라서 통곡하다가 그대로 기절하였다. 시동이 황망히 구원하여 한림은 정신을 차리고 다시 탄식하였다.

"부인의 그 현숙한 덕행으로 비명에 죽었으니 어찌 슬프지 않으랴. 억울한 물귀신에게 제사라도 지내서 위로하리라."

하고 제문을 지으려 하자, 마음이 아득하여 눈물이 앞을 가려서 붓이 내려가지 않았다. 이 때에 갑자기 밖에서 함성이 진동하였다. 놀라서 문을 열고 보니, 장정 수십 명이 칼과 창을 들고서 들이닥치면서 외쳤다.

"유연수만 잡고 다른 사람은 상하지 말라!"

한림이 놀라서 뒷문으로 도망쳐서 방향도 없이 허둥지둥 달아났다. 마치 그물을 벗어난 물고기 같고, 함정에서 뛰어난 범같이 정신없이 도망하였다. 그러나 얼마 가지 않아서 앞길이 막히고 바다 같은 큰물이 가로놓였으므로, 정신이 아득하여 진퇴가 극난하였다.

"유연수가 이 물가에 숨었으니 샅샅이 뒤져서 잡아라."

뒤에서 추격하는 괴한들이 호통을 쳤다. 한림은 이제는 잡혀서 죽을 수밖에 없다고 하늘을 우러러 호소하였다.

"내가 선량한 처자를 애매하게 학대하였으니, 어찌 천벌을 받지 않으랴. 남의 손에 죽느니보다는 차라리 물에 빠져서 죽으리라."

하고 물에 몸을 던지려는 순간, 문득 노 젓는 소리가 은은히 들려 왔다. 한림이 그 뱃소리 나는 곳을 찾아서 허둥지둥 가면서 '어떤 사람이 나의 위급한 몸을 구해 주려는 것일까?' 하고, 요행이라도 있기를 하늘에 빌었다.

동정호 섬에 있는 수월암의 묘혜 스님은 사씨 부인을 보호하고 세월을 보내고 있었는데, 하루는 사씨에게

"부인, 오늘이 사월 보름날인데 그 전에 하시던 말을 잊으셨나요?"

하고 물었다. 사씨는 세상과 인연이 없는 섬 속의 한가로운 암자에서 세월 가는 줄 모를 정도로 체력이 필요 없는 생활이라, 그 중대한 사월 보름날의 일도 잊고 있었던 것이다.

"금년 사월 보름날에 배를 백빈주에 매고 있다가 급한 사람을 구한다는 예언을 시부님의 영혼이 가르치셨다고 하셨는데, 오늘이 바로 그 날입니다. 어서 백빈주로 배를 저어 가십시다."

사씨 부인은 그 날 황혼에 배에 올라 백빈주로 저어 가면서, 급해서 이 배의 구원을 받을 사람이 어떤 사람일까 궁금히 여기면서도, 반가운 사람이면 얼마나 좋으랴 하는 생각이 들자 자연 자기 신세의 슬픈 회포에 사로잡히게 되었다.

한림이 뱃소리가 가까워 오는 강가로 내려가면서 물 위를 보니, 어떤 여자가 일엽편주를 저어 구슬픈 노래를 탄식처럼 부르며 오고 있었다. 그 노래의 구절이 유 한림에게 들려왔다.

창파에 달이 밝으니
남호의 흰 마름을 캐리로다
꽃이 아름다워 웃고자 하되
배 젓는 사람 슬퍼하는도다

이 노래를 받아서 부르는 또 다른 여자의 노랫소리도 들렸다.

물가의 마름을 캐니
강남에 날이 저물었네
동청에 사람 있어 고인을 만나리도다

유 한림이 배를 향하여, 빨리 배를 대어서 사람 살려 달라고 구원을 청하였다. 배를 젓던 묘혜가 백빈주 물가로 배를 대려고 하자, 사씨가 당황해서 묘혜를 말리면서,

"저 사람의 음성이 남자인데, 이상한 남자를 이 배에 태워도 괜찮겠습니까?"

하고 주저하였다.

그러나 묘혜는 조금도 저어하지 않고

"급한 인명이 천금보다 귀중한데, 목전에 죽을 사람을 어찌 구하지 않겠습니까?"

하고 급히 배를 저어서 물가에 대었다. 한림이 배에 뛰어오르면서 애원하였다.

"도적놈들이 내 뒤를 쫓아 오니, 빨리 배를 저어 주시오."

조금만 늦었으면 유 한림은 추격하던 동청의 부하 관졸들에게 잡힐 뻔하였다. 한림이 체포 직전에, 뜻하지 않은 배를 타고 떠나는 것을 본 괴한들은 호통을 치며 배를 불렀다.

"배를 도로 돌려 대라. 그렇지 않으면 전부 죽여 버린다!"

그러나 묘혜는 못 들은 척하고 배를 저어 그들의 추격을 피해 갔다.

"그 배에 태운 놈은 살인한 죄인이다. 계림 태수께서 잡으라는 놈이니, 그놈을 잡아 오면 천금의 상을 주신다."

유 한림은 자기를 잡아 죽이려는 놈들이 보통 도적이 아니라, 동청이 보낸 관졸임을 분명히 알았다. 머리끝이 새삼스럽게 쭈뼛해지며 전신에 소름이 끼친 유 한림은 묘혜를 향하여 호소했다.

"나는 한림학사 유연수로서 살인한 죄가 없는데, 저 도적놈들이 공연히 꾸며서 하는 소리입니다."

묘혜는 유 한림이 선량한 사람인 줄로 알았으므로, 도적들을 비웃는 듯이 닻줄을 치면서 노래를 부르기까지 하였다.

창오산 저문 날에
달빛이 밝았으니
구의산의 구름 개는데
저기 가는 저 속객은

독행천리 어디를 부질없이 가는가

유 한림은 사지에서 뜻밖에 구해 준 배 안의 두 여자, 그 중의 늙은 여자가 부르는 이 노래의 의미도 알아들을 경황이 없이 배에 뛰어올랐다. 이 때 배 안에 담장 소복으로 앉아 있던 젊은 여자가, 유 한림을 보더니 놀랍고 반가워서 울음을 터뜨렸다. 유 한림이 이상히 여기고 자세히 보니 자기의 아내 사씨가 분명하지 않은가.

"부인을 여기서 만나다니, 이것이 웬일이오!"

한림은 뜻밖에 만난 부인에게 인사한 후에, 자연 나오는 탄식은 부인에 대한 자기 불찰의 후회와 사과가 아닐 수 없었다.

"내가 이제 무슨 낯으로 부인을 대하겠소? 부끄럽고 마음이 괴로워서 할 말이 없소. 그러나 부인은 정신을 진정하고 이 어리석은 연수의 불명을 허물하시오."

하고 설매에게 갓 듣고 온 소식을 마치 자백하듯이 말하였다. 즉 사씨 부인이 집을 떠난 후에 교씨가 십랑과 공모하고 방예로 저주한 일이며, 또 설매가 옥지환을 훔쳐 내다가 냉진과 더불어 갖은 흉계를 꾸민 말을 다 하였다. 사씨 부인이 남편의 이런 뉘우치는 말을 듣고 감사하면서 떨리는 음성으로,

"한림에게서 이런 말씀을 듣지 못하였으면, 제가 죽어도 어찌 눈을 감았겠습니까?"

하고 흐느껴 울었다. 한림이 또 설매를 꼬여서 장지를 죽이고 춘방에게 미루던 말과, 동청이 엄숭에게 참소하여 자기가 죽을 뻔하였다는 말과, 교씨가 집안의 보물을 전부 가지고 동청을 따라간 경과를 알리자 사씨 부인은 기가 막혀서 묵묵히 울고만 있었다. 유 한림은 부인이 아직도 자기의 잘못을 야속히 여기는 분함을 풀지 않고 대답도 않는 것이 아닐까 하

고 더욱 가슴이 답답하였다.

"다른 것은 참을 수 있다 하더라도, 어린 자식 인아가 죄도 없이 부인의 품을 잃고, 아비도 모르게 강물 속의 무주고혼이 되었으니, 어찌 견딜 수 있겠소?"

하고 탄식하는 한림의 눈에서 눈물이 비 오듯이 흘러내렸다. 사씨 부인은 처음부터 너무 놀라워서 말도 못하고 있다가, 한림의 이런 말을 다 듣자 외마디 비명을 지르며 기절하고 말았다. 한림이 황급히 구호하여 부인이 정신을 차리자 유 한림은 실의 상태에 빠진 부인을 위로하려는 듯, 또는 요행을 바라는 듯이,

"설매의 말을 들으니, 인아를 차마 물에 던져 죽이지 못하고 길가의 숲 속에 숨겨 두었다 하니, 혹 하늘이 도우셨으면 어떤 고마운 사람이 데려다 길러 주고 있을지도 모르니, 만나지 못하더라도 어디든 살아 있기만 해도 내 죄가 덜할까 하오."

사씨 부인이 흐느껴 울면서 비로소 입을 열었다.

"설매의 그 말인들 어찌 믿을 수 있겠습니까? 설사 숲 속에 넣어 두었더라도 그 어린것이 어찌 살기를 바라겠습니까?"

서로 죽은 줄 알았다가 만난 부부는, 반갑기보다도 어린 인아의 생사로 새로운 슬픔에 사로잡혀서 오열하였다.

"아까 강가의 소나무를 깎고 쓴 필적을 보고, 부인이 물에 빠져 죽은 유서가 분명하므로 슬픈 회포를 제문으로 지어 제사를 지내고 고혼이나마 위로하려고 하다가, 마침 동청이 보낸 자객놈들을 만나서 데리고 오던 동자의 잠을 깨울 새 없이 쫓겨서 강가까지 왔소. 앞에 물이 막혀서 죽을 지경에 이르렀을 때, 뜻밖에 부인의 배로 생명을 구하여 감사하여 마지않는데, 도시 부인은 어떻게 이 곳에 와서 나를 구해 주었소?"

"제가 선산 묘하에 있을 적에 도적이 위조 편지를 보내 제가 속아서 납치될 뻔하였으나, 시부님께서 현몽하셔서, 모년 모월 모일에 배를 백빈주에 대령하고 있다가 급한 사람을 구하라고 신신당부하셨는데, 오늘이 바로 그 때 분부하신 날입니다. 그러나 제가 아득히 잊고 있었던 것을 저 스님께서 기억하시고 계시다가, 오늘 배를 타고 왔다가 과연 한림을 위급에서 구하게 되었으니, 저 묘혜 스님은 우리 양인의 생명의 은인입니다. 아까 보셨다는 소나무에 유서를 쓰고 물에 뛰어 들려고 했을 때에도, 묘혜 스님이 구해다가 스님 암자에서 지금까지 보호하여 주셨습니다."

"우리 부부는 묘혜 스님의 힘으로 살았으니, 그 태산 같은 은혜에 감사드립니다."

하고 묘혜를 향하여 사례한 뒤에,

"지금 생각하니 묘혜 스님은 원래 서울에 계시던 스님이 아니십니까?"

"호호호, 소승의 일을 유 한림께서 기억하고 계십니까?"

"기억만 하겠습니까? 당초에 우리 혼사를 담당해 주시고, 이제 또 우리 부부를 구해 주시니, 하늘이 우리 부부를 위하여 스님을 이 세상에 보내셨는가 하옵니다."

묘혜가 한림의 감사에 사양하면서,

"한림과 부인의 천명이 장원하시기 때문이지, 어찌 소승의 공이라 하겠습니까? 그러나 이 곳에서 오래 말씀하고 계실 것이 아니라, 빨리 소승의 암자로 가셔서 편히 쉬시기 바랍니다."

하고 묘혜가 배를 젓기 시각하자, 순풍이 불어서 순식간에 암자가 있는 섬에 도달하였다.

수월암에 이르러서 묘혜가 객당을 소제하고 한림을 맞아 드리고 차를 대접할 때, 사씨를 모시던 유모와 시녀가 한림을 뵈옵고 일희 일비의 주종의 회포를 금하지 못하였다. 한림이 부인을 보고 말하기를,

"이제 호구의 환은 벗어 났으나 의지할 곳이 없고 가업이 황폐하였으니, 무창으로 가서 약간의 전량을 수습하여 앞일을 정한 후에 서울로 올라가서 가묘를 모시고 전죄를 사코자 하니, 부인이 나를 버리지 않으면 동행하기 바라오."

"한림께서 저를 더럽다 하시지 않으시면 제가 어찌 역명하겠습니까? 제가 선산을 떠날 적에 친척을 모아서 가묘를 개축하였습니다. 그런데 제가 이제 그냥 댁으로 돌아가는 것이 어떨까 합니다. 제가 옛일을 죄로 생각할 것은 없으나, 사람을 대하기가 부끄러워서 그럽니다. 출거지인이 다시 입승하는데 예절이 있어야 하지 않을까 합니다."

"아, 네가 너무 급하게 생각한 모양이오. 내가 먼저 가서 묘로 모셔 오고 다시 소식을 수소문한 후에, 예를 갖추어서 데려가리다."

"그는 그러하오나, 한림의 외로운 몸이 또 도적의 무리를 만나시면 위태하니 조심하여 가십시오. 동청이 폭도를 보내어 잡지 못하였으므로 필연 다시 잡아죽이려고 할 것이 분명하니, 한림은 성명을 바꾸고 변복하여 가십시오."

한림이 사씨 부인의 염려가 옳다 하고, 혼자 떠나서 여러 날 만에 고향땅 무창에 이르러서, 약간의 재산을 수습하고 선산을 수축하고 노복을 시켜서 농업을 경영하도록 지시하였다.

한편, 동청은 교씨를 데리고 계림 태수로 도임해 가다가 악양루 부근에서 유 한림이 은사를 받고 귀양이 풀려서 행주에서 돌아온다는 소식을 들었다. 깜짝 놀라서 장정 수십 명을 급히 보내어 목을 베려고 하였으나 실패로 돌아가자, 동청과 교씨는 당황해서 어쩔 줄을 몰랐다.

"유연수가 무사히 서울로 가면, 우리 죄상을 황제께 아뢰고 원한을

풀 것이니 어찌 방심하겠소?"

하고, 심복 부하의 관졸들에게 유연수를 극력 수색하여 잡으라고 엄명하였다. 그리고 사씨 학대에 공모하던 냉진도 의지할 곳이 없어서, 생각한 끝에 큰 벼슬을 한 동청을 찾아가 도움을 청하였다. 동청이 환대하고 심복으로 삼고 그의 간교로 갖은 악행을 하여 백성을 가렴주구하고, 행인을 유인하여 독주를 먹여 죽이고 재물을 약탈하였다. 이리하여 남방의 사람들은 모두 동청의 학정을 저주하고, 그의 고기를 씹으려고 민심이 흉흉해졌다. 교씨는 계림에 간 지 얼마 되지 않아서, 데리고 온 아들 봉추가 병들어 죽으므로 역시 어미의 정으로 번민하였다.

큰 고을 계림에는 자연 관사가 많아서 분망하였다. 따라서 동청이 자주 관하 소현에 순행하여 집을 비우는 날이 많았다. 그리하여 동청이 본아에 없는 동안은 불량배 냉진이 내외사를 다스리게 되어 세도를 부리는 한편, 요부 교씨는 동청의 눈을 속이고 냉진과 간통하며 추태를 재연했다. 마치 유 한림 집에서 한림의 눈을 속이고 동청과 간통하던 버릇을 그대로 되풀이하였던 것이다.

동청은 자기의 지위와 재산을 더 얻으려는 수단으로 계림 지방 백성의 재물을 수탈하여, 십만 보화를 엄 승상에게 바치려고 그의 생일 축하 선물 명목으로 냉진에게 전달시켜 보냈다. 그런데 냉진이 서울에 와서 보니 이미 엄숭의 세도가 무너진 때였다. 황제도 그의 간악함을 깨닫고 관직을 삭탈하고 가산을 압수하는 소동 중이었다. 냉진은 깜짝 놀라서 그 화가 자기에게도 미칠 것을 두려워하였다. 자기의 보호자요 공모자인 동청의 죄가 많다는 사실은 세상이 다 알고 있었으나, 그의 배후인 엄 승상의 세도가 두려워서 감히 말하지 못하였던 것이다. 언제나 제 욕심으로 남을 이용만 하고 의지라고는 추호도 없는 냉진은, 자기가 살아날 계교로 동청을 숙청시키는 공을 세우려고 등문고를 울려서 법관에게 민정을 호소하였다. 법관이 무슨 소용이냐고 묻자, 냉진은 천연스러운 우국 양민의 열변으로 진술하였다.

"저는 북방 사람으로서 남방에 갔다 왔습니다. 계림 지방에서는 태수 동청이 불인무의하여 학정을 일삼을 뿐 아니라, 하늘을 속이고 무소불위하여 행인을 겁박하고, 재물을 탈취하는 등 열두 죄목을 아룁니다."

법관이 냉진의 진술대로 황제에게 아뢰자, 황제께서 대노하고 금오관을 파견하여 동청을 잡아 가두라고 분부하였다. 따로 순찰관을 보내서 민정을 조사한즉, 냉진이 고발한 사실과 조금도 틀리지 않는 학정을 일삼아 왔다는 사실이 증명되었다. 조정에는 이미 동청의 죄를 비호해 줄 엄숭이 숙청되었으므로, 그를 구해 줄 사람은 없었다. 간악한 동청이 아무리 간신의 세도를 믿고 갖은 악행으로 재물을 구산같이 쌓고 살기를 원하였지만 어찌 불의의 뜻대로 되리요. 그는 속절없이 잡혀 와서 장안 네거리에서 요참의 형을 받았다. 백성에게 도적질한 재산을 몰수한 황금이 사만 냥이요, 그 밖의 재물은 헤아릴 수 없을 정도로 많아 사람들을 놀라게 하였다.

냉진은 동청을 배반한 덕으로 제 죄를 면하였을 뿐 아니라, 동청이 엄숭에게 보내던 뇌물 십만 냥을 고스란히 착복하게 되었다. 그리고 동청의 덕을 볼 때에 간통하던 교녀를 데리고 당당한 부부 행세를 하며 살게 되었다. 그러나 역시 서울에서 살기에는 뒤가 켕겨서 멀리 산동으로 피해 갔다. 산동으로 가는 도중에 어떤 여관에서 탕남 음녀는 술에 만취하여 정신 없이 자고 있었다. 그들을 태우고 가던 차부 정대관이란 놈이 본디 도적놈이라 냉진의 행장에서 돈 냄새를 맡고 기회를 노리고 있다가, 그날 밤에 재물을 송두리째 훔쳐 가지고 도망쳐 버렸다. 냉진과 교씨는 술기운과 함께 잠을 깨어, 도적 맞은 것을 알고는 애고 하며 한탄할 따름이었다.

이 때 황제가 조회를 받고 각읍 수령의 불치를 탐문하시던 중, 동청의 죄상 보고를 듣고 통탄하시며,

"이런 도적을 누가 그런 벼슬에 천거하였는고?"

"엄숭의 천거로 진유 현령에서 계림 태수로 승진시켰던 것입니다."

하고 승상 석각뇌가 보고해 올렸다.

"그렇다면, 이 한 가지로 미루어 보면 엄숭이 천거한 자는 모두 소인이요, 그가 배척하던 자는 모두 어진 사람임을 가히 알 수 있다."

하시고, 엄숭의 잔당은 모두 벼슬을 삭탈하고, 엄숭의 질시로 몰려서 귀양 갔거나 좌천되었던 신료를 다시 초용하여 관기를 일신하였다. 이번의 큰 인사 이동으로 가의 태수 호연세로 도어사를 삼으시고, 한림 학사 유연수로 이부 시랑을 삼으시고, 또 과거를 실시하여 인재를 천하에 구하셨다. 이 때 외해랑이 급제하여 문벌의 영화를 보전하였으니, 그는 한림의 부인 사씨의 남동생이었다. 사씨 부인이 두 부인을 찾아서 남방의 장사로 향할 때, 두 추관은 이미 이직하고 두 부인도 함께 상경하였다. 사 공자는 서울에서 그런 줄도 모르고, 또 누님이 장사로 가다가 중간에서 낭패한 사실도 전혀 모른 채 배를 얻어 타고 장사로 가려던 참에, 서울의 조보를 보고 두 추관이 순천 부사로 영전된 것을 알았다. 마침 과거 시행의 시일이 머지않아 있게 되었으므로, 두 부인이 상경하기를 기다리며 과거 공부를 하다가 다행히 과거에 급제하였다. 그 때 마침 순천 부사로 승진된 두 추관이 부임 준비차 상경하였다. 사 공자는 곧 누님의 소식을 물었으나, 부사는 소식을 모른다며 눈물을 머금고 슬퍼하였다. 사 공자는 누님이 장사로 가다가 중도에서 낭패하고 진퇴유곡하여 마침내 물에 빠져 죽었다는 소문을 듣고, 그 누님 소식을 알려고 물가에 가서 두루 찾았으나 생사를 모른다는 소식을 보고하였다.

"그 때 그 곳의 어떤 사람 말로는, 어느 해 유 한림이 그 곳에 와서 사 부인이 물에 빠져 죽었다는 필적을 보고 슬퍼하며 제사를 지내려고 하다가, 그날 밤에 도적에게 쫓겨서 어디로 갔는지 모른다고 하였습니다. 이제 조정에서 유 한림을 다시 벼슬에 영전시키려고 찾으나 아무도 알지 못한다 하오니 기쁨이 도리어 슬픔이옵니다."

"그렇다면 한림은 살지 못하였을 듯하다."

하고 두 부인이 여러 사람을 보내서 사방으로 탐문하자, 유 한림은 아직 죽지 않았다는 말이 더 많다는 보고였다.

이에 용기를 얻은 사 공자가 행장을 차리고 악양루 근처의 강가에 이르러서 극진히 누님과 유 한림의 행방을 찾았다. 그러나 역시 행방이 묘연하여 알 길이 없었다. 그래서 일단 단념은 하였으나 남양지경이 장사와 멀지 않으니, 도임한 후에 찾으려고 생각하였다.

이 때에 유 한림은 이름을 고치고 모든 행동을 취하였으므로, 그의 존재를 알 사람이 없었다. 그리고 한림은 고향에서 비복에게 농사를 열심히 짓게 하고, 그 수확의 일부를 군산사의 사씨 부인에게 보내며 소식을 알아 오라고 일러 보내었더니, 다녀온 동자가 돌아와서

"부인께서는 무사하십니다. 그런데 악주 관아에서 방을 붙여 한림을 찾고 있습니다. 그 연고를 물어보았더니, 황제께서 한림을 초용하셔서 이부 시랑을 제수하시고 사신을 적소 행주로 보내서 찾았으나, 벌써 은사를 입고 돌아가셨으나 종적을 몰라서 각처에 방을 붙이고 한림을 찾는 중이라 합니다. 그래서 소복은 감격하였으나 한림의 허락을 받지 못하였으므로 관원에게 고하지 못하고, 빨리 소식을 알려 드리려고 달려왔습니다."

한림은 동자의 이 소식을 듣고 속으로 생각하였다.

'엄 승상이 천권하면 내 어찌 이부 시랑에 초용되리요. 내가 초용되

었다면 엄숭이 쫓겨난 모양이구나.'

하고 무창으로 나가서 관청에 복명하자 관원이 크게 놀라서 급히 맞아 당상으로 인도하면서

"황제께서 선생을 이부 시랑으로 제수하시고 소명이 미급하시온데, 이제 어디로부터 오십니까?"

"소생이 뜻하는 바가 있어서 성명을 숨기고 다니다가, 황제께서 엄숭을 조정에서 몰아내시고 현자를 부르시는 말씀을 듣고 왔습니다."

한림은 무창 관원에게 이렇게 신분을 밝혔다. 그리고 외로운 섬의 암자에서 좋은 소식을 기다리는 부인에게 이 소식을 전달하였다. 이 날부터 유 시랑의 신분이 된 유연수는 빨리 상경하여 황제께 복명하려고 역마를 몰아 길을 재촉해 갔다.

유 시랑이 남창부에 이르자, 지방 장관이 명함을 드리고 인사하였다. 유 시랑이 명함을 받아서 본즉, 성명이 사경으로 되어 있으나 본인의 얼굴은 모를 사람이었다. 지방 장관은 유 시랑을 귀빈으로 영접하고 주찬으로 환대하였다. 그런데 그 관원의 얼굴에 수심이 가득 차 있으므로 이상히 여기고 물으니,

"하관이 심중에 소회가 있어서 자연 기운이 없어 보인 모양이니, 실례를 용서하여 주십시오."

하고 자기 누님을 한번 이별한 후에 사생을 모르고, 매부 유 한림의 종적도 묘연하다는 한탄을 하면서 눈물을 주르륵 흘렸다. 유 시랑이 비로소 그 지방 장관이 처남 사 공자임을 알고 손을 잡고 탄식하였다.

"아, 자네가 내 처남 아닌가? 내 얼굴을 자세히 보게."

남창 부윤 사경이 놀라서 자세히 보니 분명히 매부 유 한림이라, 반갑게 손을 잡고 누님의 소식을 물었다.

"내가 우암하여 무죄한 누이를 집에서 내쫓아서, 그 후에 갖은 억울

한 고생을 시켰으니 자네 대할 면목이 없네."

"지난 일은 하는 수 없습니다. 누님은 지금 어디 계십니까?"

"묘혜 스님의 구원을 받고, 지금 군산사에 잘 있으니 염려 말게."

"누님이 생존해 있는 것은 매형님의 복입니다. 묘혜 스님의 은혜는
백골난망입니다."

"자네는 너무 마음을 상하지 말게. 천은이 호대하시매 다 갚기 어려
운데, 나의 박덕으로 이런 영복을 당하니 황송하기 그지없네."

하고 서로가 술잔을 나누며 끝없는 이야기를 다 하지 못하고 이별하였다.
유 시랑이 서울로 가서 황제께 사은하자 친히 불러 보시고, 간신 엄숭에
게 속아서 유 시랑의 충성을 모르고 고생시킨 전후사를 후회하셨다. 유
시랑이 황송하여 감격의 눈물을 흘리며,

"성은이 이렇게 홍대하시니 미신이 황공무지 하옵니다."

"경의 뜻이 굳어서 특히 강서백을 삼으니 인심찰직 하기 바라오."

"황공하옵니다."

유 시랑이 어전을 하직하고 집으로 돌아오니, 비복들이 나와서 맞으며 눈물을 흘렸다. 당사가 황량하고 정자에 잡초가 무성하여 주인이 없음을 여실히 나타내고 있었다. 시랑이 사당에 참배하고 통곡 사죄하며 고모 두 부인을 찾아 사죄하매, 부인이 흐느껴 울고

"이 늙은 몸이 살았다가 현질이 다시 귀달함을 보니, 죽어도 한이 없다. 그러나 네가 조종 향사를 폐한지 오래니 그 죄가 어찌 가벼우랴."

"저의 죄는 만 번 죽어도 부족하오나, 다행히 부부가 다시 만났으니 죄를 용서하십소서."

두 부인이 질부와 만났다는 말에 놀라 기쁨을 참지 못하고

"조카의 액운이 인제야 다하였구나. 옛말에 현인에게는 복을 내리고 악인은 재화를 만난다 하니, 너는 이제 회과자책 하겠느냐?"

유 시랑이 전후사를 모두 고하고, 앞으로 다시는 그런 간악에 속지 않고 근신할 것을 다짐하였다.

"그 같은 대악이 어찌 세상에 용납되겠습니까?"

하고 거듭 사과하였다. 이 때에 모든 친척들이 시랑을 찾아와서 하례하고 위로하였다.

"이것은 모두 가운이매 어찌 인력으로 막았으리요."

시랑이 친척들과 하직하고 강서로 갈 제 그 위용이 매우 장엄하였다. 이 때 사 추관이 누님을 데려오겠다고 말하자 유 시랑이 허락하고, 자기는 강가에 가서 맞을 테니 먼저 떠나라고 하였다.

동생 사 추관이 미리 편지를 보내고 동정호의 섬 군산사에 이르니, 사씨 부인이 미리 알고 기다리다가 만나서 기쁨을 이기지 못하였다. 수년 동안 그리던 정회를 푼 뒤에, 사 추관은 유 시랑의 편지를 전하였다.

사씨 부인이 편지를 받아 보니 남편은 방백을 하였는지라 감격하여 묘혜 스님에게 사은하고, 유 시랑이 보내 온 예물을 전하였다.

"이것은 모두 부인의 복이지, 어찌 소승의 공이겠습니까?"

이윽고 작별하게 되자 사 부인과 묘혜 스님이 마치 모녀의 이별같이 서로 슬퍼하였다. 사 추관이 묘혜에게 재삼 은혜를 치하하자 묘혜 또한 재삼 사양하고, 앞으로도 여러분의 복록을 불전에 축원하겠다고 말하였다. 그 날 사 추관이 객당에서 자고 이튿날 부인과 함께 발정하자, 묘혜가 암자의 여러 비구니와 산에서 내려와서 떠나는 배를 기쁨과 슬픔으로 전송하였다.

일행이 약속한 지경의 강가에 배를 대니, 유 시랑이 이미 그 곳에 와서 기다리고 있었는데, 금수 채장이 강변을 뒤덮고 환영하는 사람들이 물가에 정렬하고 기다렸다. 시비가 새 의복을 사씨 부인에게 올리매, 부인은 칠 년 동안이나 입었던 소복을 비로소 벗고 화복으로 갈아 입은 후 부부가 상봉하니, 세상에 희한한 경사였다. 여기서 뱃길로 강서로 향하여 고향집에 이르니, 비복들이 감격으로 환영하였다. 유 시랑 부부가 가묘에 참배할 제 제문을 지어서 부부가 재합함을 보고하는 사의가 간절하더라. 이 소문을 들은 강서 지방의 대소 관원들이 모두 유 시랑을 찾아와서 예단을 드려 하례하고, 또 사 추관에게 하례하니, 유 시랑은 큰 잔치를 베풀어서 빈객을 접대하였다.

사씨 부인은 남편을 만나서 다시 유가의 주부가 되었으나, 새로운 슬픔이 있으니 그것은 아들 인아의 생사 소식이었다. 사방으로 수소문하였으나 인아의 행적은 묘연하여 알 길이 없었다. 어느덧 신년을 맞으매 부인이 유 시랑에게 은근히 술회하였다.

"그 전에 제가 사람을 잘못 천거하여 가사가 탁란하였던 일을 회상하면 모골이 송연합니다. 지금은 그 때와 다르고 제 나이도 사십에 이르러서 생산하지 못한 지 십 년이라, 밤낮으로 큰 걱정입니다. 후손을 위하여 다시 숙녀를 얻어 생남의 길을 마련할까 합니다."

"후손을 위하여 소실을 권하는 부인의 뜻은 고마우나, 그 전에 교녀로 말미암아 인아의 사생을 알지 못하매 통입골수한데, 어찌 또 다시 잡인을 집안에 들여 놓겠소?"

부인이 한숨을 짓고

"제가 시랑과 동거 삼십 년에, 일점 혈육이던 인아의 생사를 모르고 아직 사속이 없으니, 지하에 가서 무슨 면목으로 조상을 뵈오리까?"

"그러나 부인의 연기가 아직 단산할 때가 아니니, 그런 불길한 말은 하지 마시오."

"상공은 그런 고집은 마시고 제 말을 들으십시오."

하고, 묘혜 스님의 질녀가 현숙하고 또 귀자를 둘 팔자라 하면서, 시랑의 첩으로 삼으라고 굳이 권하였다. 시랑은 사씨 부인의 성의에 마지못하여 묘혜 스님의 질녀라는 여자의 근본을 물은 뒤에, 부인의 생각에 맡기겠다고 허락하였다.

"또 청할 일이 있습니다."

부인이 말을 바꾸어 남편에게 상의하였다.

"노복이 충성으로 나를 시중하다가 조난한 배 안에서 죽었으니 그 영혼을 위로해 주어야겠으며, 또 황릉묘가 황폐하였으니 증수해야겠으며, 묘혜 스님의 암자가 있는 조산 동구에 탑을 세워서 모든 은혜를 갚고자 합니다."

유 시랑이 부인의 청은 마땅히 하여야 할 사은의 지성이라고 하고, 모두 많은 재물을 희사하여 시설하였다. 묘혜 스님은 유 시랑 부부가 보낸 후한 금액으로 곧 수월암을 증수하고, 군산 동구에 탑을 신축하여 부인탑이라고 불렀다. 특히 황릉묘를 장엄하게 증수하고, 노복의 영혼을 위로하려고 관곽을 갖추어서 다시 후장을 지내 준 데 대하여, 사씨 부인의 기특한 뜻을 세상이 칭송하여 마지 않았다.

사씨의 사동이 황릉 묘지기에게 증수 비용을 전하고 돌아오는 길에 회룡령 땅에 들러서, 묘혜 스님의 질녀를 찾아갔다. 이 때 그 낭자의 모친 변씨는 세상을 떠나 홀로 살고 있었다. 낭자가 그 전에 알았던 사씨 부인의 사동을 보고도 채 알지 못하고 물었다.

"총각은 어디서 어떻게 이 곳에 왔소?"

"낭자는 왜 나를 몰라보십니까? 연전에 사씨 부인을 모시고 장사로 가던 길에 댁에서 수일간 신세를 진 사람입니다."

"아참, 그랬군. 내가 몰라봐서 미안해요. 사씨 부인은 안녕하신지요?"

사동이 그 후에 지낸 사씨 부인의 사실을 대략 전하자, 낭자는 사씨 부인이 누명을 벗고 시가로 돌아가서 잘 계시다는 말과, 그것이 모두 낭자의 고모님인 묘혜의 공이라는 말을 듣고 매우 기뻐하였다. 인사가 끝난 뒤에 사동이 사씨 부인이 보낸 편지를 낭자에게 내놓았다. 임 낭자가 감격하며 봉을 떼어 보니, 사연이 매우 간곡하였으므로 사씨 부인을 다시 한 번 만나 보고 싶었다.

벌써 칠 년 전에 설매가 인아를 차마 물 속에 던지지 못하고 강변의 숲 속에 놓고 간 뒤에, 인아가 잠을 깨어 아무도 없으므로 큰 소리로 앙앙 울고 있었다. 이 때 마침 남경으로 장사차 지나가던 뱃사람이 우는 어린아이를 찾아가서 보니 얼굴 생김이 비범하고 가엾어서 배에 싣고 가다가, 갈 길은 멀고 남경 가서도 누군가에게 맡겨야 하겠기로, 도중의 연화촌에서 인아를 사람의 눈에 띄기 쉬운 곳에 내려놓고 갔었다. 이 때 마침 임씨의 아내 변씨가 꿈을 꾸었는데, 울 밖에 이상한 광채가 비치었으므로 놀라서 깨니 꿈이었다. 아내의 꿈 이야기를 들은 남편 임씨가 급히 울 밖으로 나가서 본즉, 용모가 잘난 어린아이가 울고 있으므로 안고 집으로 돌아왔다. 아내 변씨는 하늘이 꿈을 통해서 자기에게 준 귀동자라고 기뻐하고 고이 길렀다. 그러다가 변씨가 세상을 떠난 뒤로는 임 낭자가 친동생같이 기르고 있었다.

동리 사람들은 효성이 지극하고 용모가 고운 임 낭자가 부모를 다 잃고 외롭게 지내게 되자, 동정도 하고 탐도 나서 여러 군데에 혼인하기를 청하였다. 그러나 임 낭자는 고모인 묘혜 스님이 귀한 몸이 되리라던 말만 생각하면서 시골 농부의 집으로 출가하기를 원하지 않고, 장차 재상의 부인이 될 것만 믿고 있었다.

사씨 부인은 임 낭자의 재덕을 생각하고 유 시랑에게 허락을 받은 후, 사동을 그 연화촌에 보내고 얼마 지나 다시 시녀와 교부를 보내서 임 낭자를 데려오게 하였다. 임 낭자가 사 부인을 만나려고 생각하던 차에 가마로 데리러 왔으므로 감사히 여기고, 얻어서 기르던 소년(인아)을 데리고 함께 사씨 부인을 만나러 갔다. 아이는 동생이라 하였기 때문에 아무도 이상하게 생각지 않았다. 사씨 부인은 임 낭자에게 유 시랑의 둘째 부인이 되기를 권하였다. 임 낭자는 이것이 꿈인가 의심하면서도 고모 묘혜 스님의 예언을 생각하며 감격하였다. 사씨 부인은 택일하여 친척을 초대하고, 잔치를 베풀어 임씨를 성례시켰다. 용모가 아름다운 숙녀였으므로 유 시랑이 심중으로 기뻐하고 사씨 부인에게 말하기를, 내 그대에게 정이 덜할까 염려하노라 하니 부인은 미소만 보이고 대답하지 않았다.

하루는 인아의 그전 유모가 임씨 방으로 들어가서 눈물을 흘리며 말하기를,

"요전에 시비의 말을 들으니 낭자의 남동생 도련님이, 그전에 제가 시중하던 우리 공자와 얼굴이 꼭같이 생겼다 하기에 한 번 보러 왔나이다."

유모의 말을 의아스럽게 생각한 임씨가 유모에게 물었다.

"댁의 공자를 어디서 잃었던가?"

"북경 순천부에서 잃었습니다."

임씨가 생각하기를, 북경이 천 리인데 어찌 남경 땅에서 잃은 공자를 얻었으랴 하고 의아하였으나, 시녀에게 인아 소년을 불러오게 하였다. 유모가 본즉 어렸을 때 자기가 밤낮으로 안고 기른 인아가 틀림없었다. 반가운 생각으로 왈칵 끌어안았으나 한편 의심을 가지지 아니할 수 없었다.

"이 소년은 실은 내 모친이 낳은 친동생이 아니고, 모년 모월 모일에 강가에 버린 어린아이를 주워다가 길러서 의남매가 되었다네. 만일 얼굴이 댁에서 기르던 공자와 같다면, 혹 그런 연고가 있는 소년인지도 모르겠네."

이 때 소년이 먼저 유모를 알아보고 깜짝 놀라면서 물었다.

"유모, 왜 나를 몰라보는 거냐?"

"앗, 도련님!"

유모가 이 때 소년을 끌어안고, 임씨에게

"이것 보십시오. 이 댁의 도련님이 아니면, 어찌 나를 알아보고 이렇게 반가워하겠습니까?"

"이 아이의 성명은 비록 모르나 전에 귀한 댁 아들로서 곱게 길렀던 것이 분명하고, 남경으로 가던 뱃군이 어디서 주워 가다가 우리 집 근처에 버리고 간 것이니까, 유모가 잘 알아보고 대감 양위께 말씀드리도록 하게."

유모가 임씨의 말을 듣고 크게 기뻐하면서 곧 사씨 부인에게 그 말을 전하자, 부인이 황망히 임씨 방으로 달려와서 그 소년을 보고 반신반의하면서

"너는 나를 알겠느냐?"

인아가 사씨 부인을 자세히 보다가 울음을 터뜨리고,

"어머니, 어머니는 저를 몰라보십니까? 어머님이 집을 떠나신 후에 소자가 매양 그립게 생각하였습니다. 어릴 때의 일이라 제 기억이 아득하여 잘 모르나, 누군가 저를 데리고 멀리 가다가 제가 잠든 사이에 강변 숲 속에 두고 가셨기 때문에 잠을 깬 뒤에 외롭고 무서워서 울고 있었습니다. 마침 큰 배를 타고 가던 사람이 저를 데리고 가다가, 어떤 집 울 밑에 놓고 갔습니다. 그 때 그 집의 저 은모가 거두어 길러 주어서 편하게 지내다가, 이제 뜻밖에 여기 와서 어머님을 뵈오니, 이제는 죽어도 한이 없습니다."

사씨 부인이 인아의 손을 잡고 대성통곡하면서

"이것이 꿈이냐 생시냐? 꿈이면 이대로 깨지 말아야겠다. 내 너를 다시 보지 못할까 하였더니, 오늘 집에 돌아온 너를 만나니 어찌 이것이 하늘의 도움이 아니겠느냐?"

하고, 흐느껴 울다가 유 시랑에게 인아를 찾은 사실을 고하자, 유 시랑이 급히 달려 와서 자초지종을 듣고서 임씨를 칭찬하면서 기뻐하였다.

"오늘 우리 부자 모자가 이처럼 만나서 즐기는 경사는 모두 그대의 공이니, 그 은덕을 어찌 잊겠는가? 금후로는 나의 가장 큰 슬픔이 없게 되었다."

"과분하신 말씀을 듣자와 황송하옵니다. 오늘날 부자 모자가 상봉하신 것은 모두 존문의 음덕이시지, 어찌 제 공이겠습니까? 사씨 부인의 성덕 현심에 신명이 감동하신 영험입니다."

"음, 그것도 그렇고, 그대 공도 또한 장하지 않은가?"

하며 온 집안이 이 경사를 축하하면서 인아의 모습을 보니, 장부의 체격이 발월하고 그 준매함을 칭찬치 않는 사람이 없었다. 원근의 친척이 모

두 모여서 치하하는 동시에 임씨에 대한 대우가 두터워지고, 비복들도 착한 임씨를 존경으로 섬겼다. 그리고 사씨 부인이 임씨 대하기를 동기처럼 아끼고, 임씨 또한 사씨 부인을 형님같이 극진히 섬겼으며, 보통 처첩간의 투기 같은 감정은 추호도 없었다.

이 무렵에 교녀는 동청이 죽은 뒤에 냉진과 살다가, 마침내 냉진이 역적의 도당을 꾸미다가 괴수로 잡혀 처형되자, 도망가서 낙양의 술집의 창기가 되어, 낙양의 인사에게 웃음을 팔아 재물을 낚으면서, 전신이 한림 학사의 부인이라고 호언하였으므로 남양에서 교녀의 교태를 모르는 사람이 없었다. 사 시랑 댁의 사동이 마침 담양에 왔다가 창녀 교씨의 유명한 평판을 듣고 술집에 가서 자세히 보니 분명히 본인이라, 깜짝 놀라고 돌아와서 교녀의 소식을 전하였다. 이 소식을 들은 유 시랑은 부인 사씨에게 조용히,

"교녀를 잡지 못할까 걱정했더니, 낙양 청루에서 행색이 낭자하다니, 내가 돌아갈 때에 잡아서 설치하겠소."

"그러세요. 그년을 잡아서 제 원한도 풀어야겠습니다."

관대한 부인 사씨도 교녀에 대한 철천지한은 풀리지 않았던 것이다. 그러나 사씨는 아들 인아를 만난 후로는 시름이 없었고, 유 시랑은 사사로운 고민이 없어서 모든 힘을 치민에 근면하매, 모든 백성이 농업과 학업에 힘썼으므로 그의 일읍이 대치하여 태평세대를 구가하였다. 황제가 그 공적을 들으시고 예부 상서로 승탁하시니, 유 상서가 사은차 상경하게 되었다. 행차가 서주에 이르러서 창녀로 이름난 교녀를 염탐한즉, 분명히 그 곳 화류계에서 군림하는 존재로 있었다. 유 상서는 수단있는 매파와 상의하고 창녀 교칠랑을 시켜서 이러이러하라고 명하였다. 매파가 교녀를 찾아가서

"이번에 예부 상서로 영진되어 상경하시는 대감께서, 교 낭자의 향명

을 들으시고 소실로 맞아 총애코자 하시는데, 낭자의 의향이 어떤가?
상서 벼슬은 거룩한 재상의 지위요, 그 시비의 말을 들은 즉 정실 부
인은 신병으로 치가도 못한다니까, 낭자가 그 대감 댁에 들어만 가면
정실 부인과 다름이 없이 집안의 실권을 휘두르며 마음대로 호강을
할 것이니 이런 좋은 혼담이 어디 있겠나? 여자의 부귀는 역시 교 낭
자 같은 미인의 차지야."

교녀가 매파의 달콤한 권고를 듣고 생각하되,

'내 비록 화류계 생활로 의식의 부족은 없지만, 나이도 점점 먹어 가
니 종신의탁을 생각하지 않을 수 없으니, 이 기회에 상서 부인이 되
어서 천한 신분을 면하자.'

하고 매파에게 잘 성사시켜 달라고 쾌락하였다.

"성례는 대감과 본부인이 보시는 데서 할 테니, 준비가 되면 낭자를
데리고 갈 테니 화장을 곱게 하고 기다려요."

"알겠어요."

하고 교녀가 득의의 미소를 하였다. 매파가 교녀의 승락을 고하자, 유 상
서는 인부를 갖추어서 교녀를 가마에 태워서 본 행차와 따로 서울로 데
려가도록 분부하였다. 유 상서는 서울에 이르러 황제 어전에 사은하고
집으로 돌아와서 친척을 모아 놓고 경축 잔치를 크게 베풀었다. 이 자
리에서 사씨는 임씨를 불러서 두 부인을 뵙게 하고,

"이 사람은 그전의 교녀와 같지 않은 현숙한 사람이니, 고모님께서는
그릇 보지 마십시오."

하고 소개하자 두 부인은 새 사람이 비록 어진 사람이라도 나에게는 상관
없는 일이라고 담담한 태도를 취하였다. 이 때 유 시랑이 빙글빙글 웃으
며 두 부인과 좌중 손님들에게,

"오늘 이 즐거운 잔치에 여흥이 없으면 심심할까 합니다. 노상에서

명창을 얻어 왔으니 한 번 구경하시오."

하고, 좌우에 영하여 창녀 교칠랑을 부르라 하였다. 이 때 교자에 실려서 서울로 왔던 교녀가 사처에서 기다리고 있다가 승명하고 상서 댁으로 데려오자, 가마 안에서 내다보고 깜짝 놀라면서

"이 집이 분명히 유 한림 댁인데, 왜 이리 가느냐?"

시녀가 시치미를 딱 떼고 하는 대답이

"유 한림은 귀양가시고, 우리 대감께서 이 집을 사서 들어 계십니다."

교녀가 시녀의 말에 안심하고 또다시 가증한 생각을 일으켰다. '나하고 이 집과는 인연이 깊구나. 마땅히 그전에 정든 백자당에 거처하겠다.' 시비가 그렇게 옛 꿈을 그리워하는 교녀를 인도하여 유 상서와 사부인 앞으로 갔다.

교녀가 눈을 들어서 보니 좌우에 있는 수많은 사람들이 전부 낯익은 유연수 문중의 일족이라, 벼락을 맞은 듯이 낙담상혼하고 말았다. 그녀는 땅에 엎드려서 목숨만 살려 달라고 애걸하였다. 상서가 큰 호통을 하며 꾸짖었다.

"네 죄를 아느냐!"

"제 죄를 어찌 모르겠습니까마는, 관대히 용서하여 주십시오."

"음부는 들으라. 처음에 부인이 너를 경계하여 음탕한 풍류를 말라함이 좋은 뜻이어늘 너는 도리어 참소하여 여우의 탈을 썼으니 그 죄 하나요, 요망된 무녀 십랑과 음모하여 해괴한 방법으로 장부를 혹하게 했으니 그 죄 둘이요, 음흉한 종년들과 동청과 간통하여 당을 이루고 악행을 하였으니 그 죄 셋이요, 스스로 저주하고 부인에게 미루었으니 그 죄 넷이요, 동청과 사통하여 가문을 더럽혔으니 그 죄 다섯이요, 옥지환을 도적질하여 간인을 주어 부인을 모해하였으니 그 죄 여섯이요, 제 손으로 자식을 죽이고 그 악을 부인에게 미루었으니

그 죄 일곱이요, 간부와 작하고 부인을 사지에 몰아 넣었으니 그 죄 여덟이요, 아들을 강물에 던졌으니 그 죄 아홉이요, 겨우 부지하여 살아가는 나를 죽이려 하였으니 그 죄 열이다. 너 같은 음부가 천지간의 음악한 대죄를 짓고 아직도 살고자 하느냐?"

교녀가 머리로 땅을 받으면서 울어 대고

"이것이 모두 제 죄이오나, 자식을 해친 것은 설매가 한 일이요, 도적을 보낸 것과 엄숭에게 참소한 것은 동청이가 한 일입니다."

하고 사씨 부인을 향하여 울면서 호소하되,

"저는 실로 부인을 저버린 죄인이오나, 오직 부인은 대자대비하신 은혜로 저의 잔명을 살려 주십시오."

부인 사씨는 눈물을 머금고 떨리는 음성으로 대답하였다.

"네가 나를 해하려 한 것은 죽을 죄가 아니지만, 대감께 죄진 너를 내가 어찌 구하겠느냐?"

유 상서가 교녀의 비굴한 행색에 더욱 노하였다. 곧 시동에게 엄명하여 교녀의 가슴을 칼로 찢어 헤치고 심장을 꺼내라고 하였다. 이 때 사씨 부인이 시동을 만류시키고,

"비록 죄가 중하나, 대감을 모신지 오랜 몸이니 시체는 완전하게 처치하십시오."

유 상서가 부인의 권고에 감동하고, 동편 언덕에 끌어내다가 타살한 후에 시체를 그대로 버려서 까막까치의 밥이 되게 하라고 명하니, 좌중의 모든 사람이 상쾌하게 여겼다. 유 상서는 만고의 간부 교녀를 죽이고 상쾌하게 여겼으나, 사씨 부인은 시녀 설매가 억울하게 참사된 것을 가엾게 여겨서 뼈를 찾아서 잘 묻어 주었다. 그리고 십랑을 치죄하려고 찾았으나, 전년에 금령의 옥사에 연좌되어서 죽었다는 사실이 밝혀졌다.

임씨가 유씨 문중에 들어온 지 십 년이 지나는 동안, 계속하여 삼형제를 낳았는데 모두 옥골선풍이요, 천금가사였다. 장자의 이름은 웅이요, 차자의 이름은 준이요, 삼자의 이름은 란이라 하였는데, 모두 부형을 닮아서 세상에 뛰어난 인재들이었다. 황제는 유 상서의 벼슬을 좌승상으로 승진시키시고, 황후는 부인 사씨의 청덕을 들으시어 자주 불러서 만나시니, 유씨 가문의 영광이 비할 데 없었고 또 두 추관이 높은 벼슬에 이르니 그 명성의 웅성함이 천하의 으뜸이었다.

　　유 승상 부부는 팔십여 세를 안양하고, 그 후대의 공자는 병부 상서에 이르고, 유웅은 이부 상서를 하고, 유준은 호부 시랑을 하고, 유란은 태상경을 하여 조정에 참열하였으니, 그 모친 임씨도 복록을 누려서, 자부와 제손을 거느리고, 사씨 부인을 모시며 안락한 세월을 보냈다. 문필에 능달한 사씨 부인은 〈내훈〉 십 편과 〈열녀전〉 십 권을 지어서 세상에 전하고 자부들을 가르쳐서 선도를 행하도록 권장하니, 이러므로 착한 사람은 복을 받고 악한 사람은 앙화를 받는 법이로다.

작품 알아보기
(고전 문학)

〈구운몽〉은 숙종 때 김만중이 쓴 국문 소설로, 작가가 인현왕후의 폐비설을 반대하고 귀양가 있을 때 모친을 위로하기 위하여 썼다는 설이 있다. 중국을 배경으로 한 이 소설은, 성진이 육관 대사의 심부름으로 연화봉을 다녀오던 중에 팔 선녀를 만나 서로 희롱하다가, 인간 세상으로 내쫓긴다는 이야기이다.

양소유로 태어난 성진은 장원급제하여 공명을 누리며, 팔 선녀를 차례로 만나 그들을 부인으로 삼는다. 꿈에서 깨어난 성진은 인간 세상의 부귀 영화가 일장춘몽에 지나지 않음을 깨닫고 정진하다가 극락 세계로 간다. 유교적인 윤리관과 불교 · 도교 사상이 융합된 특이한 소설이다.

〈사씨남정기〉는 정확한 창작 연대는 미상이나, 숙종이 인현왕후를 폐위시키고 장 희빈을 왕비로 맞아들인 일을 풍자하기 위해 썼다고 한다.

명나라 유현의 아들 연수는 15세에 장원급제하여 한림 학사가 된다. 유 한림은 재주를 갖춘 현숙한 사씨를 아내로 맞았으나, 사씨가 오래도록 출산을 못 하자 교씨를 첩으로 맞게 된다. 간악한 교씨가 사씨를 모함하여 내쫓고 정실이 되지만, 한림이 자신의 잘못을 깨닫고, 부인 사씨를 찾아 행복하게 산다는 내용이다. 권선징악적이며, 교훈성을 띤 작품으로 볼 수 있다.

논술 길잡이
(고전 문학)

❶ 그림은 〈사씨남정기〉의 한 장면이다. 사씨 부인은 그 동안의 모함을 벗고, 죽은 줄 알았던 아들 인아를 만나게 된다. 어머니로서 부인이 느꼈을 감정을 인아에게 보내는 편지글 형식으로 써 보자.

논술 길잡이
(고전 문학)

❷ 〈구운몽〉에서 성진은 여덟 여인을 아내로 맞아 부귀영화를 누리게 된다. 이 소설에 나타난 일부다처제를 오늘날의 관점에서 비판해 보자.

....

....

....

....

....

❸ 〈구운몽〉을 읽고 성진이 꿈에서 깨어나 깨달은 것은 무엇인지, 불교적인 입장에서 논술해 보자.

....

....

....

....

....

....

논·술·한·국·대·표·문·학 〈전60권〉

펴 낸 이   정재상
펴 낸 곳   훈민출판사
주   소   경기도 고양시 덕양구 원당동 416번지
대 표 전 화   (031)962-3888
팩   스   (031)962-9998
출 판 등 록   제395-2003-000042호